마태복음 강해 5

# 바라바냐 그리스도라 하는 예수냐?

박옥수 지음

도서출판 기쁜소식

## 저자의 글

4복음서 가운데 예수님이 하신 말씀이 마태복음에 가장 많이 나온다. 그래서 나는 예수님의 음성을 듣고 싶을 때에는 마태복음을 읽는다. 산상보훈, 씨 뿌리는 비유, 포도원의 농부들 이야기…. 예수님이 하신 이야기를 읽다 보면, 나도 예수님이 계셨던 2천 년 전 유대 땅으로 옮겨가 말씀을 듣는 사람들 틈에 앉아서 함께 듣고 있는 것 같다.

예수님은 마태복음 앞부분에서 복 있는 사람에 대해 말씀하셨다. 심령이 가난한 자, 애통하는 자, 의에 주리고 목마른 자…. 복의 근원인 예수 그리스도를 받아들일 수 있는 마음을 가진 사람들이다.

한 문둥병자가 "주여, 원하시면 저를 깨끗하게 하실 수 있나이다."라고 했을 때 예수님은 "내가 원하노니 깨끗함을 받으라." 하셨다. 중풍병 걸린 하인을 고쳐 달라고 하는 백부장에게는 "가라. 네 믿은 대로 될지어다." 하셨고, 중풍병자에게는 "네 침상을 가지고 집으로 가라." 하셨으며, 딸에게서 귀신을 쫓아내 달라고 간구한 가나안 여자에게는 "네 소원대로 되리라." 하셨다. 많은 사람들이 예수님을 만나 질병에서, 고통에서, 죄에서 벗어나 밝고 감사한 새 삶을 시작할 수 있었다.

마태복음 후반부에서는 예수님이 멸망을 당하는 사람들 이야기를 많이 하셨다. 포도원의 농부들은 주인이 세로 준 포도원에서 행복하게 살았지만 주인이 보낸 하인들을 죽이고 아들마저 죽여 멸망을 당했다. 임금님의 혼인 잔치에 초청받은 사람들도 임금님이 보낸 사환들을 능욕하고 죽여 진멸을 당했다.

마태복음은 예수님을 왕으로 그렸다. 왕은 이야기하며, 왕이 한 이야기는 그대로 시행된다. 예수님은 은혜가 필요한 사람들에게서 고통, 슬픔, 절망, 죄악을 제하여 주셨다. 반대로 자신이 악한 것을 알지 못해 마음이 높아져서 자신의 길을 간 사람들은 결국 멸망을 당한다는 사실을 이야기하셨다.

이 책을 읽는 독자들이 다 멸망의 길에 서지 않고 예수님의 은혜를 입는 길에 서길 바란다. 예수님의 말씀을 듣고 밝고 행복한 삶을 얻어서, 마음에 기쁨과 평안과 감사가 늘 머물게 되길 바란다.

기쁜소식강남교회 목사 박옥수

## 목 차

| | | |
|---|---|---|
| 98강 | 혼인 잔치에 오기를 싫어하거늘 | 8 |
| 99강 | 가이사의 것은 가이사에게 하나님의 것은 하나님께 | 18 |
| 100강 | 성경도, 하나님의 능력도 알지 못하는 고로 | 28 |
| 101강 | 화 있을진저, 외식하는 서기관들과 바리새인들이여 | 36 |
| 102강 | 회칠한 무덤 같으니 | 46 |
| 103강 | 예루살렘아, 예루살렘아 | 56 |
| 104강 | 선지자 다니엘의 말한바 | 64 |
| 105강 | 신랑을 맞으러 나간 열 처녀 | 74 |
| 106강 | 각각 재능대로 달란트를 주고 떠났더니 | 84 |
| 107강 | 양은 오른편에, 염소는 왼편에 두리라 | 94 |
| 108강 | 대제사장들과 장로들이 '명절에는 말자' 하더라 | 102 |
| 109강 | 향유 한 옥합을 예수의 머리에 부으니 | 112 |
| 110강 | 내가 예수를 너희에게 넘겨주리니 | 122 |

| | | |
|---|---|---|
| 111강 | 예수께서 열두 제자와 함께 앉으셨더니 | 132 |
| 112강 | 내가 그 사람을 알지 못하노라 | 142 |
| 113강 | 아버지의 원대로 하옵소서 | 152 |
| 114강 | "랍비여, 안녕하시옵니까?" 하고 입을 맞추니 | 162 |
| 115강 | 바라바냐, 그리스도라 하는 예수냐? | 172 |
| 116강 | 예수의 십자가를 짊어지게 하였더라 | 182 |
| 117강 | 그 옷을 제비 뽑아 나누고 | 192 |
| 118강 | 어찌하여 나를 버리셨나이까? | 202 |
| 119강 | 자던 성도의 몸이 많이 일어나 | 212 |
| 120강 | 자기 새 무덤에 넣어두고 | 220 |
| 121강 | 말씀하시던 대로 살아나셨느니라 | 228 |
| 122강 | 우리가 잘 때에 그를 도적질하여 갔다 | 236 |
| 123강 | 세상 끝날까지 항상 함께 있으리라 | 246 |

# 5
## 바라바냐
## 그리스도라 하는 예수냐?

내가 세상 끝날까지
너희와 항상 함께 있으리라

## 98강

# 혼인 잔치에
# 오기를 싫어하거늘

"천국은 마치 자기 아들을 위하여 혼인 잔치를 베푼 어떤 임금과 같으니 그 종들을 보내어 그 청한 사람들을 혼인 잔치에 오라 하였더니 오기를 싫어하거늘, 다시 다른 종들을 보내며 가로되 '청한 사람들에게 이르기를 "내가 오찬을 준비하되 나의 소와 살진 짐승을 잡고 모든 것을 갖추었으니 혼인 잔치에 오소서" 하라' 하였더니, 저희가 돌아보지도 않고 하나는 자기 밭으로, 하나는 자기 상업차로 가고, 그 남은 자들은 종들을 잡아 능욕하고 죽이니 임금이 노하여 군대를 보내어 그 살인한 자들을 진멸하고 그 동네를 불사르고, 이에 종들에게 이르되 '혼인 잔치는 예비되었으나 청한 사람들은 합당치 아니하니 사거리 길에 가서 사람을 만나는 대로 혼인 잔치에 청하여 오너라' 한대 … 혼인 자리에 손이 가득한지라."(마 22:2~10)

## 정상적인 마음의 흐름과 다른, 빗나가는 흐름

천국은 자기 아들을 위하여 혼인 잔치를 베푼 임금과 같다고 했습니다. 임금님이 종들을 보내 혼인 잔치에 청한 사람들을 오라고 했습니다. 그런데 그들이 잔치에 가기를 싫어했습니다. 임금님이 다시 다른 종들을 보내며, 청한 사람들에게 '임금님이 소와 살진 짐승을 잡고 모든 것을 갖추었으니 혼인 잔치에 오라'고 전하라고 했습니다. 종들이 그렇게 했는데도 돌아보지도 않고 자기 밭으로, 자기 상업차로 갔습니다. 남은 자들은 종들을 잡아 능욕하고 죽였습니다. 임금님이 노하여 군대를 보내 그 살인한 자들을 진멸하고, 그 동네를 불살랐습니다.

이 이야기를 보면 이해가 가지 않습니다. 만약 나라의 왕이 아들의 혼인 잔치에 우리를 초대했다면 얼마나 기쁘고 영광스럽겠습니까? 왕과 가까우면 얼마나 좋습니까? 그런데 가기를 싫어했다는 것이 이상하지 않습니까? 그것도 왕이 사람들에게 "아들의 혼인 잔치가 몇 월 몇 일에 있습니다. 좋은 음식을 대접하고 기쁨을 함께 나누고 싶으니 꼭 와주세요." 하고 미리 이야기했습니다. 잔칫날이 되어 왕이 종들을 청한 사람들에게 보내 잔치에 오라고 했습니다. 그런데 사람들이 가기 싫어했습니다.

왕이 다시 종들을 보내 '모든 것을 준비했으니 오기만 하면 된다'고 했는데도 가기를 싫어했습니다. '임금 아들 혼인 잔치에 내가 가기 싫으면 안 가는 거지, 왜 가야 해?' 바쁘다는 핑계를 대고 하나는 자기 밭으로 가고, 하나는 장사하러 갔습니다. 핑계 거리를 찾지 못한 사람들은 종들이 가자고 자꾸 권하니까 화가 나서 능욕하고 죽였습니다.

정상적인 마음의 흐름과 다른, 빗나가는 흐름입니다. 이 마음은 어디에서 나왔습니까? 사탄이 넣어준 마음입니다. 이 이야기는 인간의 마음을 정확히 그린 것입니다. 성경은 우리 마음이 흘러가는 길을 자세히 이야기합니다. 사람들 안에 하나님을 거스르고 대적하는 마음이 들어 있습니다.

## 멸망의 길로 가는 줄 모르고 그 길을 걷는다

마태복음은 말씀이신 예수님이 우리 가까이 오기 위해 인간의 몸을 입고 세상에 오신 이야기로 시작됩니다. 마태복음에서 예수님은 우리에게 많은 말씀을 하십니다. 그런데 마태복음 후반부에 가면 내용의 흐름이 달라집니다. 일만 달란트를 탕감 받은 종 이야기, 포도원 농부 이야기, 왕의 혼인 잔치에 초청받은 사람들 이야기 등, 예수님의 말씀을 들었지만 받아들이지 않고 거부한 마음의 세계를 그리고 있습니다.

제가 자주 하는 이야기 가운데 '힘의 원리'가 있습니다. 두 사람이 손을 잡고 당길 때 어느 쪽으로 끌려갑니까? 키가 크거나 작은 것과 상관이 없습니다. 공부를 많이 했거나 적게 한 것과도 상관없고, 인물이 잘생겼거나 못생긴 것과도 상관이 없습니다. 힘이 센 쪽이 잡아당기면 힘이 약한 쪽은 끌려가게 되어 있습니다.

사람의 마음에도 힘의 원리가 작용합니다. 술을 마시기 싫어도 술로 끌고 가는 힘이 더 세면 끌려갈 수밖에 없습니다. 술을 마시지 않으려는 내 마음과 술로 끌고 가는 사탄의 힘 가운데 어느 힘이 더 세냐는 것입니다. 내가 아무리 술을 마시지 않으려고 해도 더 센 힘이 끌고 가면 끌려갈 수밖에 없습니다.

일만 달란트를 탕감 받은 종은 크게 잘못 살았으면서도 이전처럼 살려고 하는 힘에 끌려갔고, 포도원 농부는 주인에게 감사하려고 했지만 결국 주인의 아들까지 죽이는 힘에 끌려갔습니다. 왕의 혼인 잔치에 초청받은 사람들도 악한 힘에 끌려 왕이 보낸 종들을 능욕하고 죽였습니다.

오늘날 수많은 사람들이 교회에 다니고 신앙생활을 하지만, 이런 성경 말씀을 읽어도 이야기로만 읽습니다. 이것이 자신의 이야기라는 사실을 아는 사람은 극히 드뭅니다. '내가 일만 달란트를 탕감 받아도 결국 감옥에 가겠구나' 하는 사실을 안다면, 가기 전에 돌이킵니다. '결국 내가 주인의 아들을 죽이고 진멸을 당하겠구나' 하는 것을 미리 알면, 절대로 그 길을 가지 않습니다. '왕이 보낸 종들을 죽이고 나도 멸망을 당하겠구나' 하는 사실을 알고 그렇게 행할 사람은 없습니다. 이야기에 나오는 사람들은 멸망의 길로 가는 줄 모르고 그 길을 걸었습니다. 오늘날도 많은 사람들이 그 길을 가고 있으면서도 멸망을 당할 것이라고 생각하지 않습니다.

많은 사람들이 베드로와 같은 마음을 가지고 있습니다. 예수님이 베드로에게 "네가 오늘 밤 닭 울기 전에 세 번 나를 부인하리라." 하셨습니다. 그것이 베드로를 보는 예수님의 눈이었습니다. 베드로는 그렇게 생각하지 않았습니다. '내가 왜 예수님을 부인해? 절대 안 해.' 베드로가 말했습니다. "내가 주와 함께 죽을지언정 주를 부인하지 않겠나이다." 그러나 베드로는 결국 예수님을 세 번 부인했습니다.

베드로가 자신을 알지 못했던 것처럼, 사람들 가운데 자신의 모습을 정확히 아는 사람이 거의 없습니다. 다른 사람에게 조그마한 선을 행한 것으로 '나는 선한 사람이야, 진실한 사람이야'라고 생각합니다. 그래서 자기 생각을 믿고 살다가 악한 영에게 끌려갑니다. 악한 영이 이끌 때 이길 힘이 없으니까, 원하지 않아도 자꾸 끌려가 결국 멸망을 당합니다.

**이스라엘 백성이 한없는 감사 속에서 살 것 같은데…**
이스라엘 백성이 애굽에서 종살이를 했습니다. 그들이 흙을 이기고 벽돌을 구웠습니다. 그 삶도 힘들고 괴로웠지만, 정말 고통스러운 것은 여자가 아들을 낳았을 때였습니다. 바로의 명령으로, 아들이 태어나면 나일강에 던져야 했습니다. 어떤 여인이 아들을 낳아 끌어안고 웁니다. 사람들이 차마 엄마가 보는 앞에서 아이를 나일강에 던질 수 없어서 기다리다가, 엄마가 잠들면 아이를 엄마 품에서 빼내 강에 던졌습니다.

　엄마가 잠이 깨어 아이에게 젖을 먹이려고 하는데 아이가 없습니다. '아, 아이를 강에 던졌구나!' 여자가 하염없이 눈물을 흘립니다. 정신이 약해지는 여자도 있습니다. 남편은 괴로움 속에서 사는 아내를 위로해줄 틈도 없습니다. 종일 흙을 이기고 벽돌을 굽느라 힘든 나날을 보냅니다. 말할 수 없는 고통이 이스라엘 백성들 마음 구석구석까지 파고들었습니다.

　그들이 어떻게 했겠습니까? '우리가 어떻게 애굽 군사들을 이길 수 있나? 어떻게 우리 아이를 지킬 수 있나? 어떻게 마음에 평안을 찾을 수 있나? 우리 소망은 여호와 하나님뿐이야. 하나님 앞에 나가야 해.' 길이 없으니까 하나님께 부르짖었습니다.

"하나님, 제 아내를 보십시오. 우리가 하나님의 백성인데 왜 이렇게 가슴 아픈 일을 당해야 합니까? 하나님, 우리를 불쌍히 여겨 주옵소서! 이스라엘에게 은혜를 베풀어 주옵소서!"

하나님께서 이스라엘 백성들을 불쌍히 여기셨습니다. 모세를 보내 그들을 애굽에서 건져내셨습니다. 그들이 얼마나 기뻤겠습니까! '이제 아들이 태어나도 죽지 않아도 되는구나. 너무 감사하다! 나일강에 던진 아이가 보고 싶다. 그 아픈 삶을 끝내고 우리에게 복된 삶을 주신 하나님을 섬기자.' 그들이 하나님께 감사하고, 하나님을 찬양했습니다. 그런데 그들이 광야에 들어가자 계속 하나님을 원망했습니다. 하나님을 대적했습니다. 그 결과로 수많은 사람들이 죽어갔습니다.

이스라엘 백성이 애굽에서 얼마나 고통스럽게 살았습니까? 그들이 애굽에서 나왔을 때 한없는 감사 속에서 살 것 같은데, 조금만 여유가 생겨도 하나님을 원망하는 모습을 봅니다. 그 마음이 어디에서 왔습니까? 악한 영이 그 마음을 일으킵니다. 사람들은 악한 영의 존재를 모르기 때문에 '애굽에서 건져 주신 것은 감사하지만 지금 우리가 화를 내는 것이 당연해! 배가 고파 죽겠는데 화를 안 내게 생겼어?'라고 생각합니다. 이스라엘 백성의 마음이 다 그렇게 흘러갔습니다.

**멸망당하기 싫으면 옳다는 생각을 버리고 말씀을 받아들여야**
성경은 우리 마음을 그리고 있습니다.

'너희들이 일만 달란트 탕감 받은 종처럼 어리석은 마음을 가지고 있어.'

'너희들이 포도원 농부들처럼 은혜를 입고도 주인의 아들을 죽이는 악한 마음을 가지고 있어.'

'너희들이 왕의 혼인 잔치에 초청받은 사람들처럼 강퍅한 마음을 가지고 있어.'

악한 영에게 이끌려 이 길을 가면 결국 멸망을 당할 수밖에 없습니다. 저주를 받기 싫고 멸망을 당하기 싫으면 돌이켜야 합니다. 자신이 옳다는 생각을 버리고 예수님의 말씀을 받아들여야 합니다. 우리 가운데 하나님을 대적하지 않을 사람은 하나도 없습니다. 자기 생각을 따라 살면 다 저주와 멸망을 당할 수밖에 없습니다.

마태복음 후반부에서 하나님을 거스르는 사람들의 이야기를 읽지만 자신의 이야기가 아니라고 생각하기 때문에, 다른 마음을 갖습니다. '그 사람들은 정말 말이 안 되는 짓을 행했어. 사람이 어떻게 그럴 수 있어? 나는 선하게 살 거야. 나는 하나님을 거역하지 않을 거야. 나는 주님께 충성할 거야.' 여전히 자기가 선을 행할 수 있다고 믿습니다. 그 생각을 따라 살기 때문에 자신도 모르는 사이에 악한 영에게 이끌립니다. 생각지도 않았던 악을 행합니다. 그래서 결국 멸망을 당합니다.

구원받은 성도 가운데에도 교회를 떠나는 사람이 많습니다. 교회에서 이런저런 일로 시험에 들어 교회에 발걸음을 끊으면서 이렇게 생각합니다. '내가 당분간 교회에 나가지 않지만 그렇다고 교회를 대적하진 않아. 교회를 비방하거나 헐뜯는 짓은 안 해.' 그런데 시간이 흘러서 보면 교회를 대적하는 사람이 되어 있습니다. 그런 모습을 보면, 사탄이 우리보다 훨씬 지혜롭고 간교하다는 사실을 알 수 있습니다.

우리가 선을 행하고 싶은 마음을 가질 수 있습니다. 그렇다고 자신을 믿어서는 안 됩니다. 우리가 하나님을 거역하지 않겠다고 마음먹을 수 있습니다. 그런 마음을 가졌다고 하나님을 거역하지 않을 거라고 자신을 믿지는 말아야 합니다. 성경이 우리에게 이 이야기를 해 주고 있습니다. 우리는 하나님께 이렇게 말해야 합니다.

"하나님, 저는 연약합니다. 내가 아무리 죄를 짓기 싫어도 사탄이 끌어당기면 끌려가서 죄를 지을 수밖에 없습니다. 아무리 악을 행하기 싫어도 사탄이 떠밀면 악한 길로 달려갈 수밖에 없습니다. 저는 사탄을 이길 수 없습니다. 사탄에게 장난감 같은 존재에 불과합니다. 그렇기 때문에 하나님이 저를 붙들어주셔야 합니다. 하나님이 은혜를 베풀어주셔야 합니다. 그렇지 않으면 저는 사탄의 종이 될 수밖에 없습니다. 저를 불쌍히 여겨 주시옵소서!"

이런 마음을 가진 사람이 믿음으로 살 수 있습니다. 자기가 섣불리 결심하고 자신을 믿는 사람은 열이면 열, 백이면 백, 사탄에게 끌려가 멸망을 당할 수밖에 없습니다.

**거기서 슬피 울며 이를 갈이 있으리라**
왕은 자신이 보낸 종들을 죽인 자들을 진멸한 뒤, 종들에게 다시 말했습니다.

"혼인 잔치는 예비되었으나 청한 사람들은 합당치 아니하니, 사거리 길에 가서 사람을 만나는 대로 혼인 잔치에 청하여 오너라."

하나님이 처음 택하신 백성은 유대인이었습니다. 예수님은 원래 유대인을 위해 이 세상에 오셨습니다. 하지만 유대인들이 예수님을 거역하고 십자가에 못박아 그들은 혼인 잔치 자리에 들어가지 못했습니다. 대신, 왕이 사거리에 가서 만나는 대로 사람들을 혼인 잔치에 청해서 오라고 했습니다. 어떤 사람이어야 혼인 잔치에 갈 수 있는 것이 아니라, 아무나 가면 되는 것입니다. 종들이 왕이 명한 대로 길에 나가서 선한 자나 악한 자나 만나는 대로 혼인 잔치에 데려왔습니다.

**"종들이 길에 나가 악한 자나 선한 자나 만나는 대로 모두 데려오니 혼인 자리에 손이 가득한지라."(마 22:10)**

우리는 유대인이 아니라 이방인입니다. 하나님이 택한 백성이 아닙니다. 하지만 유대인이 청함을 받고 가지 않았기 때문에 그 은혜가 우리에게 돌아왔습니다.

왕의 혼인 잔치 자리에 많은 사람들이 들어와 즐거워하는데, 거기에 예복을 입지 않은 사람이 있었습니다. 왕이 손님들을 보러 왔다가 예복을 입지 않은 사람을 보고 물었습니다.

"친구여, 어찌하여 예복을 입지 않고 여기 들어왔느냐?"

그 사람이 할 말이 없었습니다. 왕이 종들에게 말했습니다.

"그 수족을 결박하여 바깥 어두움에 내어던지라. 거기서 슬피 울며 이를 갊이 있으리라."

이 예복은 예수 그리스도의 의를 가리킵니다. 우리가 하나님 앞에 서려면 의로워야 합니다. 그런데 우리에게는 의가 없기 때문에 예수님의 의를 받아들여서 의롭게 됩니다. 예복을 입지 않은 이 사람은 예복을 입지 않아도 된다고 생각했습니다. 자신이 선하다고 여겨, 자기 의로도 충분하다고 생각한 것입니다.

하나님 앞에 설 때 자신의 선, 자신이 잘한 것, 자신의 의를 가지고 가면 반드시 저주를 받습니다. 우리 선, 우리 의를 다 버리고 예수 그리스도의 의를 받아들여야 합니다. 예수님이 당신의 선과 의와 거룩을 우리에게 주셨습니다. 우리가 그 옷을 입고 하나님 앞에 나아가는 것입니다.

## 99강

# 가이사의 것은 가이사에게
# 하나님의 것은 하나님께

"이에 바리새인들이 가서 어떻게 하여 예수로 말의 올무에 걸리게 할까 상론하고 자기 제자들을 헤롯 당원들과 함께 예수께 보내어 말하되 '선생님이여, 우리가 아노니 당신은 참되시고 참으로써 하나님의 도를 가르치시며 … 그러면 당신의 생각에는 어떠한지 우리에게 이르소서. 가이사에게 세를 바치는 것이 가하니이까 불가하니이까?' 한대 예수께서 저희의 악함을 아시고 가라사대 '외식하는 자들아, 어찌하여 나를 시험하느냐? 셋돈을 내게 보이라' 하시니 데나리온 하나를 가져왔거늘, 예수께서 말씀하시되 '이 형상과 이 글이 뉘 것이냐?' 가로되 '가이사의 것이니이다.' 이에 가라사대 '그런즉 가이사의 것은 가이사에게, 하나님의 것은 하나님께 바치라' 하시니 저희가 이 말씀을 듣고 기이히 여겨 예수를 떠나가니라."(마 22:15~22)

### 예수님이 올무에 걸리도록 나름대로 머리를 썼지만…

바리새인들이 예수님을 올무에 걸리게 하려고 의논하다가, 로마 황제 가이사에게 세금을 바치는 일을 물으면 되겠다고 생각했습니다.

"가이사에게 세를 바쳐야 합니까, 바치지 말아야 합니까?"

예수님 당시에 이스라엘은 로마의 속국이어서 로마에서 세금을 많이 거두어 갔습니다. 자연히 이스라엘 백성들은 세금을 강제로 거두어 가는 것을 아주 싫어했습니다. 만일 예수님이 세금을 내야 한다고 하면 유대인을 등지고 로마를 위하는 사람이라고 몰아가고, 세금을 내지 말아야 한다고 하면 로마를 대적해 백성들에게 세금을 내지 말라고 충동질한다고 몰아가려고 했습니다.

예수님은 예루살렘에 거하실 방 한 칸이 없었습니다. 종일 말씀을 전하시고 밤이 되면 감람산에 올라가셔서 기도하다가 잠이 들곤 하셨습니다. 예수님이 옷을 자주 빨아서 갈아입으셨겠습니까? 샤워를 자주 하실 수 있었겠습니까? 예수님은 구겨진 옷을 입고 지내 초라해 보였을 것입니다. 그에 반해 바리새인들은 멋진 옷을 입고 이스라엘 백성들 사이에서 종교 지도자로 군림했습니다. 그런데 사람들이 예수님을 따르는 것을 보고 자신들의 입지가 흔들릴까봐 예수님을 무너뜨리려고 했습니다.

바리새인들이, 예수님이 세금을 바치라고 해도 올무에 걸리고 바치지 말라고 해도 올무에 걸리도록, 나름대로 머리를 썼습니다. 전에 간음하다 잡힌 여자를 예수님께 끌고 왔을 때에도 그들이 같은 짓을 했습니다. 그들이 간음 중에 잡힌 여자를 앞에 세우고 예수님께 물었습니다.

"선생이여, 이 여자가 간음하다가 현장에서 잡혔나이다. 모세는 율법에 이러한 여자를 돌로 치라 명하였거니와 선생은 어떻게 말하겠나이까?"

그들은 예수님의 대답을, '돌로 치라' 하거나 '치지 말라' 하거나 두 가지밖에 없다고 생각했습니다. 돌로 치라고 하면 예수님이 죄인을 구원하러 왔다면서 죄인을 죽이라고 하는 것이 되고, 치지 말라고 하면 하나님이 주신 모세의 율법을 어기는 것이 되었습니다. 그러니 이렇게 대답해도 저렇게 대답해도 올무에 걸릴 것이라고 생각했습니다. 그런데 예수님은 제3의 대답을 가지고 계셨습니다.

"너희 중에 죄 없는 자가 먼저 돌로 쳐라."

분명히 예수님이 돌로 치라고 하셨습니다. 그런데 그 자격을 가진 자는 죄가 없는 자였습니다. 그들 가운데 아무도 여자를 돌로 칠 수 없었습니다. 모두 죄가 있었기 때문입니다. 바리새인들이 당황했습니다. 다 돌을 내려놓고 그 자리를 떠나갔습니다. 예수님이 하신 짤막한 한 마디에 바리새인들과 서기관들이 놓으려고 했던 올무가 아무 쓸모가 없는 것이 되었습니다.

### 예수 그리스도와 온라인이 되어 있는가?

저는 성경에서 이런 내용을 읽을 때 얼마나 감사한지 모릅니다. 바리새인들은 예수님이 이런 지혜를 가지고 계신지 몰랐습니다. 그러나 예수님은 천지를 창조한 전능한 하나님의 지혜를 가지고 계신 분입니다. 저도 때때로 내게 닥친 크고 작은 문제들 앞에서 어떻게 해야 할지 몰라서 암담할 때가 있었습니다. '이 일은 정말 어렵다. 어떻게 해야 하지?' 살면서 그런 경우가 많았습니다. 제가 보기에는 길이 없어서 포기하려고 하다가 예수님을 생각했습니다.

　예수님에게는 내가 알지 못하는 제3, 제4, 제5…의 답이 있기 때문입니다. 예수님은 5만 가지, 10만 가지의 답을 가지고 계십니다. 이처럼 지혜로우신 예수님이 우리를 인도하고 계십니다. 우리 교회를 이끌고 계십니다. 우리 안에서 역사하고 계십니다. 내가 풀려고 하면 너무 어렵고 답답하기만 한 문제도 예수님이 일하시면 아무 문제가 안 됩니다. 그래서 예수님이 우리와 함께 계신다는 사실을 생각하면 마음에서 얼마나 힘이 생기는지 모릅니다. 마음에 감사가 넘칩니다.

　저는 수십 년 동안 복음을 전하면서 상상할 수 없었던 큰 기쁨과 감사와 행복을 맛보았습니다. 반대로 '이제 나는 끝났다! 이 문제 앞에서는 길이 없다!' 할 때도 있었습니다. 하지만 아무 문제가 되지 않았습니다. 예수님이 함께 계셨기 때문입니다. 사람들이 우리를 비방하고 대적해도 힘있게 복음을 전할 수 있었던 것은, 나는 지혜가 없지만 예수님은 모든 것을 해결할 수 있는 지혜를 가지고 계시기 때문에 아무것도 문제가 되지 않았습니다.

　요즘은 우리가 다 컴퓨터를 사용합니다. 우리 선교회에 집회 영상 등 많은 자료들이 있습니다. 그 많은 자료를 개인 컴퓨터에 다 저장할 수는 없습니다. 용량이 아주 큰 서버 컴퓨터가 있어서, 사용료를 지불하고 거기에 저장해 둡니다. 우리가 지구 어디에서든지 개인 컴퓨터를 가지고 서버 컴퓨터에 접속하면 그 안에 들어 있는 자료들을 얼마든지 꺼내서 쓸 수 있습니다. 브라질에 가거나 독일에 가거나

인터넷을 통해 서버 컴퓨터에 연결만 하면 모든 자료를 사용할 수 있습니다.

예수님은 엄청난 서버입니다. 예수님 안에 지혜도 들어 있고, 평안도 들어 있고, 기쁨도 들어 있고, 감사도 들어 있습니다. 구원받은 우리 안에 그 예수님이 계시기 때문에 내가 지혜롭지 않아도 문제가 되지 않습니다. 내가 미련해도 괜찮은 것은, 예수님을 의지하면 무한한 예수님의 지혜를 사용할 수 있기 때문입니다. 두렵고 불안한 일이 생겨도 문제가 되지 않는 것은, 언제든지 예수님께 가면 예수님 안에 있는 능력과 평안과 사랑과 소망이 우리 안에 흘러들어오기 때문입니다.

며칠 전에 그라시아스합창단이 미국에서 크리스마스 칸타타 순회공연을 했습니다. 제 며느리도 순회공연에 동행했는데, 도시마다 공연이 너무 감격스럽다면서 공연장 광경들을 사진으로 찍어서 보냈습니다. 저는 한국에 있어서 LA에도 가지 않고 아무 도시에도 가지 않았지만, 스무 개가 넘는 도시의 공연 사진들을 다 볼 수 있었습니다. 때때로 전화로 공연 이야기를 나누기도 했습니다. 얼마나 감사했는지 모릅니다. 인터넷으로 연결되어 있어서 제가 가질 수 없는 정보들을 함께 누릴 수 있었습니다.

지금 도미니카에서는 청소년 캠프를 갖고 있습니다. 캠프 중간에 음악학교 개교식도 있었습니다. 좌석이 1,570석인데, 학생들이 2천 명 가까이 와서 자리가 모자라 많은 학생이 계단에도 앉고 복도에도 앉았다고 합니다. 그들이 그라시아스합창단의 노래에 감동했다는 이야기를 들었습니다. 오늘 저녁에는 그라시아스합창단이 캠프에 참석한 도미니카 학생들을 위해 크리스마스 칸타타 공연을 한다고 합니다. 저는 거기 가지 않았지만 많은 소식을 접합니다. 컴퓨터를 켜면 도미니카에서 진행되고 있는 캠프의 이모저모를 볼 수 있습니다. 그곳에서 준비한 자료들이 금방 내 컴퓨터로 넘어옵니다. 얼마나 감사한지 모릅니다. 그래서 제 눈이 거기 있는 것 같고, 제 귀가 거기 있는 것 같습니다.

저는 예수 그리스도와 온라인이 되어 있습니다. 여러분은 예수 그리스도와 온라인이 되어 있습니까? 예수님과 연결되면 예수님 안에 있는 지혜를 우리가 얻을 수 있습니다. 예수님 안에 있는 의를 얻을 수 있고, 거룩을 얻을 수 있습니다. 예수님이 가지고 계신 평안과 사랑을 우리가 누릴 수 있습니다.

제가 엄청난 데이터를 보관할 수 있는 컴퓨터를 가지고 다녀야 하는 것이 아닙니다. 작은 개인용 컴퓨터만 있어도 됩니다. 인터넷으로 연결해 우리 선교회 자료실에 들어가서 필요한 자료들을 가져오면 됩니다. 그것처럼 우리가 놀라운 지혜와 능력을 가지고 있어야 하는 것이 아닙니다. 예수님과 연결되어 있으면 됩니다. 그러면 예수님 안에 있는 모든 것을 누릴 수 있습니다.

**임금님의 마음을 보았지만 시들하게 여겼기 때문에**

어떻게 해야 우리가 예수님과 연결됩니까? 예수님의 마음과 우리 마음이 하나가 되어야 합니다. 성경에는 예수님의 마음이 나타나 있습니다. 또, 인간의 마음이 나타나 있습니다. 인간의 마음은 예수님의 마음과 너무 다릅니다. 그래서 우리 마음을 가지고 있으면 저주와 멸망으로 끝납니다. 예수님의 마음을 받아들여야 합니다.

  일만 달란트 빚진 자가 그 많은 빚을 탕감 받으면서, 자신의 빚을 탕감해준 임금님의 마음을 볼 수 있었습니다. '임금님이 나 같은 인간을 사랑하셔서 불쌍히 여겨 일만 달란트를 손해보면서 내 빚을 다 탕감해 주셨구나.' 그때 자기 마음을 버리고 임금님의 마음을 받아들여서 그 마음으로 살아야 했습니다. 그런데 그가 임금님의 마음을 보았지만 그것을 시들하게 여겼습니다. '빚을 다 탕감 받았으니 이제 우리가 잘살 수 있다. 즐겁게 살자' 하는 쪽으로 마음이 흘러갔습니다. 일만 달란트를 빚졌을 때 가지고 살았던 자기 마음을 여전히 가지고 살았습니다.

  임금님의 마음은 일만 달란트 빚진 자의 마음과는 비교가 안 되는 좋은 마음입니다. 탕감 받은 자가 그 마음을 받아들일 수 있었습니다. 그 마음으로 새롭게 살 수 있었습니다. 그런데 안타깝게도 그는 자신이 본 임금님의 마음을 소홀히 여기고 여전히 자기 마음으로 살았습니다.

### 그때 바리새인들이 어떤 마음을 가져야 했는가?

바리새인들이 예수님을 올무에 걸리게 하려고 예수님께 물었습니다.

  "가이사에게 세를 바쳐야 합니까, 바치지 말아야 합니까?"

  예수님이 말씀하셨습니다.

"외식하는 자들아, 어찌하여 나를 시험하느냐? 셋돈을 나에게 보이라."

  어떤 사람이 한 데나리온을 예수님께 가져왔습니다. 예수님이 다시 말씀하셨습니다.

"이 돈에 새겨져 있는 형상과 글이 누구의 것이냐?"

"가이사의 것입니다."

한국에서 발행한 돈에는 한국 위인들의 얼굴이 있습니다. 세종대왕도 있고, 신사임당도 있습니다. 로마에서 발행한 데나리온에는 가이사의 얼굴이 있었습니다.

예수님이 말씀하셨습니다.

"그런즉 가이사의 것은 가이사에게, 하나님의 것은 하나님께 바치라."

바리새인들이 그 대답을 듣고 할 말이 없었습니다. 가이사에게 세금을 바쳐야 하느냐 마느냐를 물었는데, 예수님이 가이사의 것은 가이사에게 바치고 하나님의 것은 하나님께 바치라고 하셨습니다. 예수님이 하신 짧은 이야기로 모든 것이 정리되었습니다.

사람들이 예수님이 하신 대답을 듣고 깜짝 놀랐습니다. 그때 바리새인들이 어떤 마음을 가져야 했습니까?

'저분이 외형은 초라한데 속에는 놀라운 지혜가 들어 있어. 저분은 틀림없이 하나님의 아들이야. 하나님의 지혜가 저분에게 있어. 우리가 저분을 대적하고 저분을 올무에 걸리게 하려고 했던 것이 얼마나 어리석고 잘못되었는가! 이제 그런 짓을 그만하고 저분을 따라야겠다. 저분을 섬겨야겠다.'

이런 마음이 일어나야 했습니다. 그런데 그들은 그냥 그 자리를 떠나갔습니다. 그리고 결국 예수님을 십자가에 못박는 악을 행했습니다.

## 지금도 거스르는 사람들을 하나님 앞으로 인도하고 계신다

성경을 읽어보면, 우리가 상상할 수 없는 신비하고 놀라운 지혜가 예수님께 있습니다. 예수님은 지금도 그 신비하고 놀라운 지혜를 가지고, 악한 마음으로 하나님을 대적하고 거스르는 사람들을 하나님 앞으로 인도하고 계십니다. 우리에게 이런저런 어려운 일을 당케 하시면서 우리가 악한 것을 볼 수 있는 눈을 띄워 주십니다. 우리가 미련한 것을 깨우쳐 주시고, 더럽고 거짓된 것을 가르쳐 주십니다. 그래서 예수님을 의지하도록 이끌어 주십니다. 그 은혜가 얼마나 큰지 모릅니다.

지금도 예수님은 우리 눈에 보이지 않지만, 놀라운 지혜로 우리를 하나님 앞으로 이끌고 계십니다. 사탄이 방해하지만 오늘도 한 사람 한 사람 하늘나라로 인도하시는 것을 봅니다. 그렇게 역사하시는 예수님께 감사를 드립니다.

100강

# 성경도, 하나님의 능력도 알지 못하는 고로

"부활이 없다 하는 사두개인들이 그날에 예수께 와서 물어 가로되 '선생님이여, 모세가 일렀으되 "사람이 만일 자식이 없이 죽으면 그 동생이 그 아내에게 장가들어 형을 위하여 후사를 세울지니라" 하였나이다. 우리 중에 칠 형제가 있었는데 맏이 장가들었다가 죽어 후사가 없으므로 그의 아내를 그 동생에게 끼쳐두고, 그 둘째와 셋째로 일곱째까지 그렇게 하다가 최후에 그 여자도 죽었나이다. 그런즉 저희가 다 그를 취하였으니 부활 때에 일곱 중에 뉘 아내가 되리이까?' 예수께서 대답하여 가라사대 '너희가 성경도, 하나님의 능력도 알지 못하는 고로 오해하였도다. 부활 때에는 장가도 아니 가고 시집도 아니 가고 하늘에 있는 천사들과 같으니라.'"(마 22:23~30)

## 사두개인들이 아무리 생각해도 부활은 없다는 생각이 들어

마태복음 22장 23절부터는 부활이 없다고 하는 사두개인들에 관한 이야기입니다. 사두개인들은 완벽하게 살려고 추구한 사람들이었습니다. 그들이 겉으로 죄를 짓지 않고 정직하게 사는 것은 할 수 있었지만, 부활에 대해서는 이해하지 못했습니다. 그들은 자신들이 이해할 수 있는 범위 안에 있는 일을 받아들이려고 했습니다. 예를 들어, 병을 고친다는 것은 이해할 수 있었습니다. 소경이 눈을 뜨는 것은 정말 일어나기 힘든 일이지만 그래도 이해할 수 있었습니다. 그러나 죽은 사람이 부활한다는 것에 대하여는, 숨이 끊어지고 몸이 썩은 사람이 어떻게 다시 살아난다는 것인지 도무지 이해할 수 없었습니다. 그래서 부활을 받아들이기 힘들었습니다.

사람의 마음을 본 사람도 없고, 마음이 어떻게 작용하는지 정확히 아는 사람도 없습니다. 제가 성경을 읽으면서, 성경은 우리 마음의 세계를 상세하게 이야기하고 있다는 사실을 알았습니다. 하나님이 때때로 땅에 관하여 이야기하시는데, 그것이 우리 마음에 관한 이야기라는 사실을 알았습니다.

땅에 어떤 나무의 씨앗을 심으면 그 나무가 자라서 꽃이 피고 열매를 맺습니다. 그와 마찬가지로, 우리 마음에도 어떤 생각이 들어오면 그냥 있는 것이 아니라 자랍니다. 미운 마음이 들어오면 미움이 자꾸 자랍니다. 사랑하는 마음도 들어오면 그대로 있는 것이 아니라 자꾸 자랍니다. 음란한 마음도 점점 자라서 간음하도록 끌어갑니다.

우리 안에 악한 마음이 들어오면 처음에는 겉으로 드러나지 않습니다. 그 마음이 점점 자라서 우리 의지를 이기면 몸을 끌고 갑니다.

그때까지는 음란한 마음이나 도둑질하고 싶은 마음이 있어도 '내가 악한 일을 하면 안 돼' 하고 의지가 막습니다. 그런데 악한 마음이 점점 자라면 내 의지를 이겨버립니다. 그때부터는 악한 마음이 나를 끌고 갑니다.

사두개인들이 부활에 관하여 이해가 되지 않지만 믿음으로 받아들이면 별 문제가 안 됩니다. 그런데 받아들이지 않으면 마음 전체가 부활을 부정하는 쪽으로 흘러갑니다. 사두개인들이 아무리 생각해도 부활은 없다는 생각이 들어서 예수님께 물었습니다.

"우리 중에 칠 형제가 있었는데, 맏이가 장가들었다가 후사 없이 죽어 그의 아내를 그 동생에게 끼쳐두고, 둘째와 셋째, 일곱째까지 그렇게 하다가 최후에 그 여자도 죽었나이다. 그런즉 저희가 다 그를 취하였으니 부활 때에 일곱 중에 뉘 아내가 되리이까?"

율법에, 남자가 결혼해서 아이를 낳지 못하고 죽으면 동생이 형수와 동침해서 아이를 낳아 그 아이가 형의 아이가 되게 했습니다. 사두개인들이 그 규례를 바탕으로, 7형제가 다 한 여자를 취했는데 다 아이를 낳지 못하고 죽었으면, 부활하면 이 여자가 어느 남자의 아내가 되느냐고 물었습니다.

예수님이 말씀하셨습니다.

"너희가 성경도, 하나님의 능력도 알지 못하는 고로 오해하였도다. 부활 때에는 장가도 아니 가고 시집도 아니 가고 하늘에 있는 천사들과 같으니라."

사두개인들이 부활이 없다고 내세운 이야기가 예수님의 단순한 대답으로 싱겁게 끝나버렸습니다.

### 믿지 않고 이해하려고 하면 굉장히 어렵고 복잡해지지만…

성경 말씀이 결코 어려운 것이 아니지만, 믿음으로 받아들이지 않으면 굉장히 어렵고 복잡해집니다. 말씀을 믿음으로 그냥 받아들이면 문제될 것이 아무것도 없습니다. 요한복음에 나오는 니고데모와 사마리아 여자 이야기가 그 사실을 잘 보여 줍니다. 우리가 믿는 것은, 믿으려고 하는 대상이 우리가 이해하는 범위를 넘어가기 때문에 믿는 것입니다.

창세기 1장에 보면, 하나님이 "땅은 풀과 씨 맺는 채소와 각기 종류대로 씨 가진 열매 맺는 과목을 내라." 하시니 그대로 되었습니다. 땅에서 풀과 채소와 나무들이 나와 자랐습니다. 그 뒤에 보면 하나님이 "땅은 생물을 그 종류대로 내되, 육축과 기는 것과 땅의 짐승을 종류대로 내라." 하셨습니다. 땅에서 풀이나 나무가 나와 자라는 것은 이해가 가지만, 땅에서 네 발 달린 짐승들이 나왔다는 것은 정말 이해가 안 갑니다. 그러나 그것을 믿음으로 받아들이면 아무 문제가 안 됩니다. 하나님이 땅에서 풀도 나고 나무도 나게 하셨는데 짐승은 왜 나오게 못 하시겠습니까? 믿지 않고 이해하려고 하면 굉장히 어렵고 복잡해집니다.

의사가 사람을 움직이게 한다고 해봅시다. 어떻게 움직일 수 있습니까? 먼저, 몸에 피가 흐르게 해야 합니다. 피는 어떻게 흐르게 합니까? 심장을 뛰게 해야 합니다. 심장은 어떻게 뛰게 합니까? 그렇게 하나하나 하려면 너무 어렵고 복잡합니다. 그러나 하나님이 하실 것을 믿으면 아무 문제가 없습니다. 사람이 살아 움직입니다.

저는 살면서 믿음이 얼마나 신비로운지 많이 경험했습니다. 하나님의 말씀을 믿어서 말씀이 내 마음에 들어오면 그때부터 내 안에서 말씀이 일하기 시작했습니다. 요한복음 1장에서 **"태초에 말씀이 계시니라. 이 말씀이 하나님과 함께 계셨으니 이 말씀은 곧 하나님이시니라."**(요 1:1)라고 했습니다. 이 말씀을 읽으면서 '아, 성경 말씀이 하나님이시구나!'라는 사실을 알았습니다. 내가 성경을 마음에 받아들이는 것은 곧 하나님을 받아들이는 것이었습니다. 그러니까 말씀을 하나하나 받아들일 때마다 내 안에서 하나님의 말씀이 일했습니다. 내 삶에 하나님이 역사하셨습니다. 내가 도저히 할 수 없는 일들을 하나님이 이루시는 것을 정말 많이 경험했습니다. 내 삶이 너무 복되고 영광스럽게 변해가는 것을 볼 수 있었습니다.

**부부 사이에도 의심하는 마음이 심기면**
문제가 있어서 저에게 상담하러 오는 부부들이 종종 있습니다. 대체로 여자가 남자보다 즉흥적입니다. 그래서 순간적으로 위기를 모면하려고 거짓말을 잘합니다.

한번은 어느 교통경찰이 쓴 글을 읽었습니다. 교통 법규를 어긴 사람들을 단속하면서 경험한 일을 쓴 글로, 남자와 여자의 차이를 이야기했습니다. 어떤 차가 신호를 위반해 뒤따라가서 당신이 신호를 위반했다고 말하면, 대부분 그런 적 없다고 잡아뗀답니다. 그때 '당신이 이 길로 이렇게 와서, 여기서 빨간불이었는데 신호를 어기고 그냥 지나쳐 이렇게 오지 않았느냐?' 하고 구체적으로 이야기하면, 남자들은 대부분 그렇다고 시인한답니다. 그런데 여자들은 그런 적 없다고 끝까지 우긴답니다. 우선 어려움을 모면하려고 즉흥적으로 말하는 것을 여자가 남자보다 훨씬 잘한다고 합니다.

부부가 살면서, 아내가 별일 아니지만 사실대로 말하면 자신이 불편해질 것 같아서 거짓말로 넘기는 경우가 있습니다. 그게 편해서 자주 하다 보면, 남편이 아내가 자신을 속이고 있다는 느낌을 받습니다. 그렇게 계속 지내면 남편 마음에서 아내를 향한 신뢰에 금이 갑니다. '내 아내가 뭔지 모르지만 나를 속이고 있어….' 그렇게 되면 남편의 머리가 복잡해지고, 아내가 하는 모든 일을 의심하는 눈으로 쳐다보게 됩니다. 물론 반대로 남편이 아내에게 그렇게 하는 경우도 있습니다.

부부가 평소에 있는 대로 이야기해서 신뢰를 쌓으면 어려운 일이 생겨도 '내 아내는 나에게 솔직하게 이야기해. 다른 사람은 몰라도 내 아내는 믿을 수 있어' 하며 잘 극복할 수 있습니다. 반대로 아내에 대해 의심하는 마음이 심기면, 어려운 일이 생길 때 걷잡을 수 없이 커집니다. 부부가 이혼하려는 경우를 보면 대부분 상대를 의심하는 데에서 시작됩니다.

**말씀을 믿으려고 하면 마음에 말씀이 들어오게 되어 있다**

하나님은 우리에게 의심스러운 이야기를 한 마디도 하시지 않았습니다. 우리가 의심할 만한 일을 전혀 하시지 않았습니다. 그런데도 사탄이 우리 마음에 역사해서 하나님을 의심하게 만듭니다. 우리가 경험한 것, 배운 것을 근거로 하나님 반대편으로 우리 마음을 끌고 가서 하나님을 의심하게 합니다.

그러나 우리가 하나님을 믿으면 아무 문제도 일어나지 않습니다.

믿음이란 하나님의 말씀을 받아들이는 것입니다. 우리가 하나님을 의심하면 하나님이 하신 말씀을 받아들일 수 없습니다. 반대로 하나님이 하신 말씀을 받아들인다는 것은 하나님을 믿는다는 말입니다. 성경 말씀을 받아들이는 것은 곧 하나님을 받아들이는 것입니다.

우리가 불치병에 걸려서 치료할 수 없을 때 하나님은 그 병을 고치실 수 있습니다. 하나님이 우리 마음에 들어오시면 하나님이 병을 치료하십니다. 그렇다면 어떻게 하나님을 우리 마음에 모실 수 있습니까? 하나님의 말씀을 믿는 것입니다. 말씀을 믿으면 하나님이 우리 안에 들어오십니다. 그 전에는 자신의 생각을 따라 흘러갔지만, 말씀이 마음에 들어오면 그 말씀이 우리 생각을 이끌어 갑니다. 우리 삶에 하나님의 말씀이 작용하고 영향을 끼칩니다. 자연히 우리가 달라지기 시작합니다. 하나님의 능력이, 거룩이, 사랑이 우리에게서도 나타납니다.

사탄은 우리 마음에 하나님의 말씀이 자리를 잡지 못하게 막습니다. 우리 안에 여러 생각을 넣어서 우리 마음을 하나님의 말씀과 반대편으로 끌고 갑니다. 자신이 받아들일 만한 것은 받아들이지만 이해가 가지 않는 것은 받아들이지 못하게 만듭니다. 그것이 문제를 만들어냅니다. 우리 속에서 하나님이 일하실 수 없게 만듭니다.

우리 마음은 아주 잘 만들어져서, 말씀을 믿으려고 하면 마음에 말씀이 들어오게 되어 있습니다. 하나님의 말씀이 들어와서 우리 삶을 이끌어 가면, 그것은 내가 사는 것이 아니라 내 안에서 하나님이 사시는 것입니다. 그것이 얼마나 놀라운 일인지 모릅니다! 제가 살면서 하나님의 말씀을 마음에 받아들인 후 삶에 굉장히 놀라운 일들이 일어나는 것을 보았습니다. 이전에 살았던 삶과 전혀 새로운 삶이 만들어지는 것을 보았습니다.

사두개인들이 부활이 없다고 주장하는 것은 정말 어리석은 일입니다. 그들이 예수님을 믿지 않으니까, 예수님이 부활에 관하여 말씀하셔도 받아들이지 않으니까 그런 생각을 가졌습니다. 그것이 그들 삶에 많은 문제를 만들어냈습니다.

암으로 다 죽어가던 사람이 어느 날 정밀검사를 받은 뒤, 의사가 "당신은 다 나았습니다. 지금은 몸이 불편하겠지만 점점 좋아질 겁니다. 곧 뛰어다닐 수 있습니다."라고 하면 얼마나 기쁘겠습니까? 지금 몸이 약해도 의사의 말을 그대로 받아들이고, 그 말이 그의 삶을 이끌어갈 것입니다. 우리가 하나님께 이끌려 사는 삶이 그와 같습니다.

## 101강

# 화 있을진저, 외식하는 서기관들과 바리새인들이여

"이에 예수께서 무리와 제자들에게 말씀하여 가라사대, 서기관들과 바리새인들이 모세의 자리에 앉았으니 그러므로 무엇이든지 저희의 말하는 바는 행하고 지키되 저희의 하는 행위는 본받지 말라. 저희는 말만 하고 행치 아니하며"(마 23:1~3)

**똑똑하다는 생각을 따라간 결과가 너무 고통스러웠기에**

사람들이 말하는 것이 행동하는 것보다 쉽다고 이야기합니다. 그래서 행동하지 않고 말만 하다 보면 말이 점점 많아집니다. 그러나 말하는 것을 하나하나 행동으로 옮기다 보면, 말하기가 쉽지 않습니다. 서기관들과 바리새인들은 자신들의 신앙이 좋다고 생각해 다른 사람을 가르쳤습니다. 그런데 가르친 대로 자신들이 행하지는 않고 말만 했습니다.

저는 소년 시절에 거짓말을 많이 했습니다. 남에게 해를 끼치기 위해 속이는 것은 나쁘지만 남에게 피해를 주지 않는 거짓말은 괜찮다고 생각했습니다. 그래서 친구들과 이야기하면서 거짓말을 조금씩 섞었습니다. 말하기도 편하고 내용도 그럴듯해 친구들이 듣기에도 좋았습니다. 문제는, 거짓말하는 실력이 점점 늘었습니다. 나중에는 내가 거짓말하는 것을 친구들이 다 알았습니다. 더이상 거짓말을 하지 말아야겠다고 마음먹었습니다. 그런데 입을 열면 나도 모르게 거짓말이 흘러나왔습니다. 거짓말을 안 하려고 아무리 각오하고 결심해도 안 되었습니다.

내가 나름대로 똑똑하고 지혜롭다고 생각했지만, 그 생각을 따라간 결과가 너무 고통스러웠습니다. 더이상 내 생각을 믿을 수 없었습니다. 그렇게 고통 가운데 지내다가, 내 생각을 버리고 예수님의 말씀을 믿는 쪽으로 옮겨갈 수 있었습니다. 그 뒤에 성경을 읽다가 깜짝 놀랐습니다. **"여호와의 말씀에, 내 생각은 너희 생각과 다르며…"** (사 55:8) 저는 내 생각이 하나님의 말씀과 다르다는 사실을 정말 몰랐습니다. 하나님의 말씀도 선하게 살라고 하고, 저도 선하게 살려고 했기에 비슷한 방향으로 가는 줄 알았습니다.

전에 저는 성경을 믿지 않았습니다. 성경에서는 인간이 악하다고 이야기하지만, 저는 내가 죄를 짓기는 하지만 그래도 선한 면이 있다고 생각했습니다. 그렇게 지내다가 죄에서 벗어나지 못하는 나를 보았습니다. 내가 너무 더럽고 추하고 야비했습니다. 그런 나에게서 벗어나고 싶었습니다. 그때부터 예수님의 말씀이 내 마음에 하나둘 흘러들어왔습니다.

### 바리새인들은 율법을 지키는 척 외식할 수밖에 없었다

서기관들과 바리새인들은 외식했습니다. 예수님이 "저희의 말하는 바는 행하되 저희의 하는 행위는 본받지 말라." 하셨습니다. 그들이 좋은 말을 많이 하지만 행하지는 않았다는 것입니다. 그런데 서기관과 바리새인만 그렇게 사는 것은 아닙니다. 모든 사람이 그렇게 삽니다. 많은 교회에서 '마음과 뜻과 힘과 목숨을 다해 하나님을 사랑하고, 이웃을 내 몸처럼 사랑하라'고 가르칩니다. 좋은 이야기지만, 이렇게 행하는 사람은 아무도 없습니다.

    율법을 지키고 선을 행하는 것을 입으로 하기는 쉽습니다. 그러나 행동으로 하기는 굉장히 어렵습니다. 불가능합니다. 서기관과 바리새인은 가르치는 위치에 있어서, 자신들이 지키지도 못하는 율법을 사람들에게 지키라고 가르쳤습니다. 그러니 자신들이 율법을 지키는 척 외식할 수밖에 없었습니다. 죄를 지어도 안 지은 척해야 했습니다. 겉모습은 굉장히 좋아 보이는데 실제로 속은 그렇지 않았습니다.

    그들의 외식이 얼마나 심했느냐면, 예수님이 **"또 무거운 짐을 묶어 사람의 어깨에 지우되 자기는 이것을 한 손가락으로도 움직이려 하지 아니하며"**(마 23:4)라고 하셨습니다. 선은 전혀 행하지 않으면서 선하게 보이려고만 했습니다. 경문을 넓게 하고, 옷 술을 크게 하고, 잔치의 상석과 회당의 상좌에 앉는 것을 좋아하고, 시장에서 문안 받고 사람들에게 랍비라 불리는 것을 좋아했습니다.

오늘날도 외식하는 사람이 많습니다. 문제는, 서기관과 바리새인처럼 자꾸 외식하다 보면 자신이 선을 행하고 있는 줄로 생각합니다. 그러나 우리는 선하지 않습니다. 우리에게는 하나님의 은혜가 필요합니다. 내가 의를 행하지 못하기 때문에 예수님의 의를 받아들여야 하고, 선이 없기 때문에 예수님의 선을 받아들여야 합니다.

### 율법을 지키려는 것은 천국에 들어가지 않으려고 하는 것

성경에 보면, 모세가 가나안 땅에 들어가지 못했습니다. 모세는 가나안 땅에 들어가기를 정말 바랐지만, 하나님께서 모세가 므리바에서 하나님의 거룩함을 나타내지 않은 일을 말씀하셨습니다. 모세도 잘못했기 때문에 가나안에 들어가지 못한다고 하셨습니다. 이것은 누구도 율법을 온전하게 지킬 수 없다는 사실을 이야기해 줍니다.

그런데 많은 사람들이 하나님께 순종하고 율법을 잘 지켜서 의롭게 되어 하늘나라에 가려고 합니다. 하나님이 우리에게 율법을 주신 것은, 많은 사람들이 생각하는 것과 다른 의미를 가지고 있습니다. 율법을 잘 지키는 사람을 복주시려는 것이 아닙니다. 그 반대로, 오히려 죄가 있어서 심판을 받아야 한다는 사실을 가르쳐 주려고 율법을 주셨습니다.

"우리가 알거니와 무릇 율법이 말하는 바는 율법 아래 있는 자들에게 말하는 것이니 이는 모든 입을 막고 온 세상으로 하나님의 심판 아래 있게 하려 함이니라. 그러므로 율법의 행위로 그의 앞에 의롭다 하심을 얻을 육체가 없나니 율법으로는 죄를 깨달음이니라."(롬 3:19~20)

아브라함은 모세보다 400여 년 전에 살았던 사람으로, 그때는 율법이 없었습니다. 아브라함은 율법을 지켜서가 아니라 하나님의 말씀을 믿음으로 의롭다 함을 얻었습니다. 하나님은 인간에게 선이 없기에 인간이 하나님의 말씀을 믿어 의롭게 되기를 바라셨지만, 인간은 자신이 선을 행할 수 있는 줄 알았습니다. 그래서 율법을 지키겠다고 했습니다.

　그런데 하나님이 모세를 시내산 꼭대기로 불러 십계명이 새겨진 돌판 두 개를 주실 때, 하늘나라에 있는 성전을 보여 주셨습니다. 모세에게 '내려가면 산에서 본 그대로 성전을 지으라'고 하셨습니다. 출애굽기가 성막을 만드는 이야기로 끝나고, 레위기에 들어서서 이스라엘 백성이 제사를 드리는 이야기가 나옵니다. 죄를 지은 사람이 속죄제사를 드려 그 죄를 사함 받을 수 있었습니다.

　하나님은 이스라엘 백성이 율법을 다 지키겠다고 했을 때 성전을 지으라고 하셨습니다. 율법을 다 지킨다면 성막에서 속죄제사를 드려야 할 이유가 어디 있습니까? 하나님은 그들이 죄를 지을 것을 이미 아셨습니다. 레위기 4장에 보면, 만일 죄를 범하면 이렇게 속죄제사를 드리라고 했습니다.

　서기관과 바리새인은 지킬 수 없는 율법을 지키라고 말하는 자들이었습니다. 그들은 자신들이 율법을 지키며 사는 것처럼 외식했습니다. 그러나 율법을 지킬 수 있는 사람은 없습니다. 율법은 하나님이 지키라고 주신 것이 아니라 죄를 깨달으라고 주신 것이기 때문입니다. 하나님은 선을 행해서 하나님 앞에 설 사람이 아무도 없기 때문에 죄에 빠진 인간을 구원하려고 이 세상에 예수님을 보내셨습니다.

예수님이 서기관들과 바리새인들을 책망하실 때, 사람들을 지옥 자식이 되게 한다고 하셨습니다.

"화 있을진저, 외식하는 서기관들과 바리새인들이여. 너희는 천국 문을 사람들 앞에서 닫고 너희도 들어가지 않고 들어가려 하는 자도 들어가지 못하게 하는도다. 화 있을진저, 외식하는 서기관들과 바리새인들이여. 너희는 교인 하나를 얻기 위하여 바다와 육지를 두루 다니다가 생기면 너희보다 배나 더 지옥 자식이 되게 하는도다."(마 23:13~15)

율법을 지켜서 의롭게 되려고 하는 것은 천국에 들어가지 않으려고 하는 것입니다. 서기관들과 바리새인들은 그 길을 걸어서 자신들도 천국에 들어가지 않고, 다른 사람도 들어가지 못하게 천국 문을 닫는 자들이었습니다.

인간은 죄를 짓지 않을 수도 없고, 지은 죄를 해결할 수도 없습니다. 손톱만 한 죄도 우리 힘으로는 씻을 수 없습니다. 성경에서 죄의 삯은 사망이라고 했습니다. 죄의 삯이 사망이라면 어떤 죄든지 사망이 치러져야 죄가 해결됩니다. 우리가 죄를 지었다면 그 대가로 영원한 지옥에 들어가야 죄는 처리됩니다.

**옷에 더러운 것이 묻었다면 빨지 않고 깨끗해질 수 있는가?**
하나님은 우리를 죄와 멸망에서 구원하려고 예수님을 세상에 보내셨습니다. 우리 죄를 씻는 일을 예수님이 하게 하셨습니다.

"일하는 자에게는 그 삯을 은혜로 여기지 아니하고 빚으로 여기거니와, 일을 아니할지라도 경건치 아니한 자를 의롭다 하시는 이를 믿

**는 자에게는 그의 믿음을 의로 여기시나니"**(롬 4:4~5)

만일 우리가 무엇을 해서 의롭게 된다면, 그것은 은혜가 아니라 빚처럼 마땅히 받아야 할 것입니다. 그런데 아무 일도 하지 않고 경건치 않은 자를 하나님이 '의롭다' 하셨습니다. 우리 옷에 더러운 것이 묻었다면 빨지 않고 깨끗해질 수 있습니까? 세탁을 해야 깨끗해집니다. 여기 한 형제가 있습니다. 이 형제가 입은 양복이 아주 더러웠습니다. 그런데 어느 날 아주 깨끗해졌습니다. "와, 양복이 아주 깨끗하네." 그런데 이 형제는 아무것도 하지 않았습니다. 그렇다면 다른 사람이 형제의 양복을 세탁했다는 이야기입니다. 죄를 지어서 경건치 않은 자가 어떻게 의로울 수 있습니까? 그의 죄를 누가 씻었기 때문입니다.

모든 사람이 죄를 지었고, 죄를 씻기 위해 아무것도 하지 않았습니다. 그런데 하나님이 우리를 보고 "의롭다." 하셨습니다. '내가 죄를 많이 지었고 아무것도 하지 않았는데 어떻게 의롭지?' 우리 대신 예수님이 일하셨습니다. 예수님이 우리 죄를 짊어지고 우리 대신 십자가에 못박혀 죽어 우리 죄의 값을 다 치르셨습니다. 우리 죄에 대한 심판이 십자가에서 끝나 우리 죄가 다 씻어졌습니다. 우리가 예수님이 흘리신 피로 의롭게 되었습니다. 우리가 아무 일도 하지 않았는데 의롭게 되었기 때문에, 이것을 은혜라고 합니다.

로마서 4장 6절에서는 **"일한 것이 없이 하나님께 의로 여기심을 받는 사람의 행복에 대하여 다윗의 말한바"**라고 했습니다. 우리가 일한 것이 없는데 하나님이 우리를 의롭다고 하셨습니다. 그것이 우리의 행복입니다. 하나님은 예수님이 못박힌 십자가로 우리 죄를 다 씻어 우리를 의롭다고 하십니다.

우리를 의롭게 한 것이 우리 행위입니까, 예수님의 은혜입니까? 만일 우리가 무엇을 잘해서 의롭게 되었다면 그것은 절대로 은혜라고 말할 수 없습니다. 아무 일도 하지 않았는데 의롭게 되었으면, 그것은 은혜입니다. 우리 죄를 씻는 일은 우리가 하지 않았습니다. 예수님이 우리 대신 해주셨습니다. 우리는 아무것도 하지 않고 예수님이 백 퍼센트 일하셨습니다. 예수님이 흰 눈보다 더 희게 우리 죄를 씻어주셨습니다. 우리가 그 은혜를 입었습니다.

**서기관들과 바리새인들이 가르친 길은 지옥으로 가는 길**
서기관들과 바리새인들은 사람들에게 율법을 지키라고 가르쳤습니다. 그 길은 지옥으로 가는 길입니다. 예수님이 그들을 책망하셨습니다.

"화 있을진저, 외식하는 서기관들과 바리새인들이여. 너희는 교인 하나를 얻기 위하여 바다와 육지를 두루 다니다가 생기면 너희보다 배나 더 지옥 자식이 되게 하는도다."(마 23:15)

서기관들과 바리새인들은 자기들만 지옥으로 가는 것이 아니라, 사람들로 하여금 그들의 가르침을 따르게 하여 배나 더 지옥 자식이 되게 했습니다. 그들은 사람들에게 "선을 행해라, 율법을 지켜라, 진실해라, 악을 행하지 마라."라고 가르쳤습니다. 사람들로 하여금 선하게 사는 데에 집착하게 만들어 우리 죄를 씻으신 예수님을 바라보지 못하게 했습니다. 천국으로 들어가는 문을 닫고 지옥 자식이 되게 했습니다.

이 세상에 자신이 선을 행해서 의롭게 될 수 있는 사람은 단 한 사람도 없습니다. 지은 죄를 스스로 씻을 수 있는 사람도 없습니다. 우리가 죄를 씻음 받고 의롭게 되는 길은 오직 예수 그리스도로 말미암습니다. 우리 대신 죽으신 분은 예수님 말고 없습니다.

서기관들과 바리새인들이 가르치는 길로 가면 그들보다 배나 더 지옥 자식이 된다고 예수님이 말씀하셨습니다. 제가 거듭나지 않고 목사가 되었다면 어떻게 했겠습니까? "여러분, 우리가 선을 행해야 합니다. 진실해야 합니다. 율법을 지켜야 합니다. 악한 일을 하지 말아야 합니다." 이렇게 가르쳤을 것입니다. 그것이 그 이야기를 듣는 사람들을 배나 지옥 자식이 되게 하는 일입니다.

오늘날 이렇게 설교하는 사람이 많습니다. 자신은 선하지 못하면서 선을 행해야 한다고 가르치는 사람이 많습니다. 무엇을 해야 죄를 사함 받을 수 있다고 하는 사람이 많습니다. 그렇지 않습니다. 우리가 하면 결국 악을 행하게 되어 멸망을 당합니다. 의롭게 되는 것도, 죄를 씻는 것도 우리가 해서는 안 됩니다. 그 일은 오직 예수님이 이루십니다. 예수님을 믿음으로 우리가 죄 사함을 받고, 의롭게 됩니다. 예수 그리스도의 보혈 외에는 다른 길이 없습니다.

교회마다 십자가가 있습니다. 예수님이 십자가에 못박혀 죽으심으로 우리 죄가 다 씻어졌습니다. 우리가 그 사실을 믿어 죄에서 벗어나 자유를 얻습니다.

## 102강

# 회칠한
# 무덤 같으니

"화 있을진저, 외식하는 서기관들과 바리새인들이여. 회칠한 무덤 같으니 겉으로는 아름답게 보이나 그 안에는 죽은 사람의 뼈와 모든 더러운 것이 가득하도다. 이와 같이 너희도 겉으로는 사람에게 옳게 보이되 안으로는 외식과 불법이 가득하도다."(마 23:27~28)

### 악한 행동을 하지 않으면 선하다고 생각한다

우리 얼굴에 더러운 것이 묻으면 닦아내거나 씻습니다. 더러운 것이 보이기 때문입니다. 마음에는 더럽고 추한 것이 있어도 깨끗하게 할 줄 모르고, 어두워도 밝힐 줄 모릅니다. 마음을 볼 수 있는 눈이 없기 때문입니다.

사람은 마음과 행동이 다를 때가 많습니다. 마음속에서 악하고 더러운 생각이 일어나도 자제하기 때문입니다. 무엇을 훔치고 싶다고 해서 다 도둑질하는 것이 아니고, 음란한 마음이 일어난다고 해서 다 간음하는 것이 아닙니다. 마음에서 일어나는 악한 마음을 많이 자제하고 어쩌다 한 번씩 행동으로 나타냅니다.

문제는, 사람들이 자기 마음이 보이지 않기 때문에 자신이 악한 행동을 하지 않으면 선한 사람이라고 생각합니다. 속에서 더러운 마음이 올라와도 밖으로 나타나지 않게 막고 막아서 겉모습이 깨끗하기 때문에, 자신이 착하고 괜찮은 사람이라고 여깁니다.

요한복음 2장에 예수님이 예루살렘 성전에 올라가신 이야기가 나옵니다. 예루살렘 성전은 아름다운 돌들로 지어져 화려했습니다. 그런데 그 안에는 소와 양과 비둘기가 가득해 소가 똥을 싸고 양이 오줌을 싸 더러웠습니다. 예루살렘 성전에 가시기 전에 예수님은 갈릴리 가나의 혼인 잔칫집에 가셨습니다. 그곳은 겉으로 보기에는 초라하지만, 그 집에 기쁨과 즐거움이 있고 행복이 가득 흘렀습니다.

사람의 마음이 이와 같습니다. 마음에 예수님이 계시는 사람은 갈릴리 가나 혼인 잔칫집과 같습니다. 겉모습이 초라해 보여도 그 안에 기쁨과 즐거움이 있고 행복합니다. 반대로, 예수님이 계시지 않는 사람은 예루살렘 성전과 같습니다. 겉모습이 화려해 보이고 많은 사람들이 오가지만 그 안에는 더러운 것들이 가득합니다.

제가 마음에 예수님을 모시고 난 뒤 달라진 것이 많습니다. 무엇보다 내 눈이 달라졌습니다. 그 전에는 내가 보는 모든 것이 어두움이고 실망이었습니다. 예수님이 내 안에 들어오신 뒤에는 똑같은 상황을 전혀 다른 눈으로 보았습니다. 기쁨과 감사와 평안과 소망을 보았습니다.

예수님이 성전에 들어가시자 변화가 일어났습니다. 예수님이 노끈으로 채찍을 만들어서 양과 소와 비둘기를 다 내쫓고, 그것을 파는 자들도 다 내쫓았습니다. 성전을 깨끗하게 하셨습니다. 예수님은 우리 마음에서 그런 일을 하십니다. 우리 안에 두려움, 악함, 더러움이 있을 때 다른 것으로 내쫓는 것이 아닙니다. 마음에 예수 그리스도가 오시면 예수님이 그런 것들을 내쫓아 주십니다.

## 빛 없이 어떻게 마음에서 어두운 것을 쫓아낼 수 있는가?

예수님이 없는 사람은 자기 마음에 있는 악이나 어두움이나 두려움을 내쫓지 못합니다. 세상에서 어두움을 몰아낼 수 있는 것은 빛밖에 없습니다. 예수님은 빛이시기 때문에 예수님이 우리 마음에 오시면 어두운 것들이 물러갑니다. 예수님이 없는 사람은 빛이 없는 것과 같아서, 아무리 착한 사람이라도 그 마음이 어두움으로 가득합니다. 더럽고 추한 생각들이 마음에 차 있습니다.

제가 구원받기 전에는, 저녁이 되면 집에 그냥 있을 수 없었습니다. 마음이 너무 공허해서 할 일 없이 거리를 배회하고, 친구들과 어울려 나쁜 짓을 했습니다. 그리고 이튿날 새벽에 교회에 가서 지은 죄를 용서해 달라고 울며 기도했습니다. 다시는 죄를 짓지 않게 해달라고 간구했습니다. '친구들이 있는 곳에 가면 안 돼. 거기 가면 죄를 짓게 돼. 가지 말아야 해!' 그렇게 수없이 생각하고 다짐했습니다. 그러나 다시 저녁이 되면 집에 그냥 앉아 있을 수 없었습니다. 일어나서 친구들이 있는 곳으로 가고, 친구들과 어울리면 또 나쁜 짓을 했습니다.

예수님이 내 마음에 들어오신 뒤 제 삶이 달라졌습니다. 저녁에 친구들에게 가는 것이 아니라 성경을 읽고 있는 나를 발견했습니다. 시간이 좀 흐른 뒤, 친구들을 만나면 "옥수야, 너 그동안 어디 있었냐?"라고 물었습니다. 늘 갔던 곳이고, 가지 않을 수 없었던 곳인데, 제가 더이상 그 자리에 있지 않았습니다. 내가 달라진 것을 아버지가 제일 먼저 아셨습니다.

그 전에는 마음에서 분노가 치솟고 악한 욕망이 들끓었습니다. 늘 그런 것들에 끌려다녔습니다. 예수님이 내 마음에 들어오신 뒤 제가 착하게 살려고 하지 않았습니다. 죄를 짓지 않으려고 애쓰지 않았습니다. '이제는 거짓말을 그만하자' 하지 않았습니다. 그런데 그런 것들이 내 마음과 삶에서 떠나가는 것을 보았습니다.

빛 없이 어떻게 어두움을 몰아낼 수 있습니까? 빛이신 예수님 없이 우리 마음에서 어떻게 어두운 것들을 쫓아낼 수 있겠습니까? 무슨 수로 마음에서 일어나는 악한 생각을 내쫓을 수 있습니까? 사람 몸은 총이나 칼로 죽일 수 있지만, 마음에 있는 어두움은 무력으로 제거하지 못합니다. 빛 외에는 그 어떤 것으로도 어두움을 내쫓을 수 없습니다.

캄캄한 방에 들어가면 어두움이 가득해 아무것도 보이지 않습니다. 그 어두움을 몽둥이로 때려서 쫓아내겠습니까, 총을 쏘아서 몰아내겠습니까? 빛이 필요합니다. 방에 있는 전등 스위치를 켜서 형광등을 밝혀야 합니다.

요한복음 1장에서 예수님에 관해 이야기합니다.

"태초에 말씀이 계시니라. 이 말씀이 하나님과 함께 계셨으니 이 말씀은 곧 하나님이시니라. 그가 태초에 하나님과 함께 계셨고 만물이 그로 말미암아 지은바 되었으니 지은 것이 하나도 그가 없이는 된 것이 없느니라. 그 안에 생명이 있었으니 이 생명은 사람들의 빛이라."(요 1:1~4)

예수님은 빛이십니다. 우리가 어두움에서 벗어나는 길은 단 하나, 생명의 빛이신 예수님을 만나는 것입니다. 많은 사람들이 예수님 없이도 밝게 사는 것처럼 행동합니다. 그러나 밝은 것처럼 흉내를 내고 표정을 만들 수는 있지만 마음에 있는 어두움을 쫓아내지는 못합니다.

### 겉으로는 아름답게 보이나 안에는 더러운 것이 가득하도다

예수님이 서기관들과 바리새인들에게 말씀하셨습니다.

"화 있을진저, 외식하는 서기관들과 바리새인들이여. 회칠한 무덤 같으니 겉으로는 아름답게 보이나 그 안에는 죽은 사람의 **뼈**와 모든 더러운 것이 가득하도다."(마 23:27)

무덤을 대리석으로 만들면 멋있어 보입니다. 무덤 주위를 꽃으로 예쁘게 단장할 수도 있습니다. 그러나 무덤 안에는 시체가 들어 있습니다. 예수님이 서기관들과 바리새인들은 회칠한 무덤 같다고 하셨습니다. 겉에 하얀 회를 칠했으니 깨끗하고 아름다워 보이지만, 속에는 죽은 사람의 **뼈**와 더러운 것이 가득합니다.

서기관과 바리새인은 겉은 정말 잘 꾸민 사람들입니다. 선하고,

점잖고, 교양 있고…. 그런데 그 안에는 탐욕과 방탕이 가득했습니다. 그들은 마음에 악하고 어두운 것들이 가득했지만 겉모습을 그럴 듯하게 꾸미며 살았기 때문에 자신이 선한 줄 알았습니다. 꾸민 자기 행동에 자기가 속았습니다. 자신이 선하다고 생각하니까 빛이신 예수님이 오셨는데도 마음에 모셔야 할 필요를 느끼지 못했습니다.

하나님은 성경 여러 곳에서 하나님 없이 사는 사람을 그렸습니다. 열왕기하 5장에는 나아만 장군이 나옵니다. 그는 한 나라의 군대 장관으로 높은 위치에 있었습니다. 그가 멋진 갑옷을 입고 서 있으면 훌륭하고 위대해 보였습니다. 그러나 옷을 벗으면 문둥병으로 살이 썩어들어가고 있었습니다. 살이 썩고 진물이 나고…, 얼마나 더럽습니까? 저는 나환자촌에 가서 복음을 전하는 집회를 여러 번 가졌습니다. 집회를 하면서 나환자들과 함께 생활했는데 그분들은 가까이만 와도 냄새가 납니다.

군대장관이지만 문둥병에 걸린 나아만의 모습은 인간의 마음을 그린 것입니다. 사람이 겉으로는 괜찮은 것 같지만 마음은 썩어 있습니다. 속이 더러울수록, 그것을 해결할 길이 없으니까 더욱 겉모습을 다듬습니다. 서기관과 바리새인이 그런 사람들이었습니다. 그들은 예수님이 오셨지만 배척했습니다. 자신들의 마음이 어둡고, 그것을 예수님이 밝히실 수 있다는 사실을 알았다면 그렇게 했겠습니까? 예수님께 도움을 간구했을 것입니다.

**어떤 사람이든지 예수님이 마음에 임하시면 빛으로 가득 찬다**

제가 아는 어떤 부인이 있습니다. 이 부인은 이혼을 했습니다. 법정에서 부부가 마지막으로 '누가 아들을 데려갈 것인지' 다투었습니다. 서로 자신이 아이를 키우겠다고 했습니다. 판사가 엄마의 손을 들어 주었습니다. 대신 조건을 달았습니다. 엄마가 양육하되, 한 달에 한 번은 아빠 집에서 자도록 했습니다.

아이가 엄마와 지내다가 한 달에 하루는 아빠 집에 가서 지냈습니다. 어느 날 이 부인이 아들을 데리고 전 남편 집으로 가서 아이를 두고 오려는데, 아들이 엄마를 붙잡고 안 떨어지려고 했습니다. 아빠가 나와서 아들 손을 잡고 안으로 들어갔습니다. 아들이 집에 들어가서 엄마에게 전화를 했습니다. "엄마, 나는 엄마랑 지내고 싶어. 나를 데려가." 하지만 법원에서 결정한 일이기에 엄마가 어떻게 할 수 없어서 전화기를 붙들고 울기만 했습니다.

매달 그런 일이 반복되었습니다. 시간이 흐를수록, 아들이 아빠 집에 가는 날이 다가오면 불안해하고 두려워했습니다. 나중에는 아들이 "엄마, 저기 누가 온다." 하며 헛것을 보았습니다. 아들도 엄마도 정신적으로 점점 약해져 갔습니다.

어느 날 그 부인이 아이와 함께 저를 찾아왔습니다. 부인도 굉장히 불안하고 아이도 불안해 보였습니다. 부인이 눈물을 흘리며 자신과 아들이 당하고 있는 고통을 이야기했습니다. 제가 그 부인 마음에 있는 불안과 두려움을 어떻게 내쫓을 수 있겠습니까? 저는 그 부인에게 줄 것이 아무것도 없었습니다.

사도행전 3장에 보면, 베드로와 요한이 성전에 올라가다가 미문에서 앉은뱅이를 만났습니다. 앉은뱅이가 두 사람에게 구걸하자, 베드로가 그에게 '우리를 보라'고 했습니다. 그가 무엇을 얻을까 하여 쳐다보자 베드로가 말했습니다. "은과 금은 내게 없거니와 내게 있는 것으로 네게 주노니, 곧 나사렛 예수 그리스도의 이름으로 걸으라." 베드로에게는 은과 금이 없었지만 예수님이 계셨습니다. 앉은뱅이에게 돈은 주지 못하지만 예수님의 능력으로 그를 걷게 할 수 있었습니다.

저를 찾아온 부인과 이야기하다가 사도행전 3장 이야기가 생각났습니다. 예수님은 그 부인 마음에서 불안과 두려움을 몰아내실 수 있었습니다. 제가 예수님 이야기를 시작했습니다. 내가 만난 예수님, 성경에서 본 예수님 이야기를 했습니다. 한 시간쯤 이야기했을 때 이 부인이 예수님의 은혜를 발견했습니다. 예수님이 자신의 죄를 씻기 위해 십자가에 못박혀 죽으신 것을 깨달았습니다. 모든 죄가 씻어져 자유를 얻었습니다. 그 후 그 부인의 삶이 완전히 달라졌습니다.

어떤 일이 이루어진 이야기를 들음으로 우리 마음이 변하는 때가 있습니다. 우리는 이루어진 많은 일들을 신문에서 보고 방송으로 듣습니다. 대부분 '아, 그랬구나' 하고 끝납니다. 예수님이 이루신 이야기는 다릅니다. 예수님은 우리를 위해 일하셨기 때문입니다. 예수님이 십자가에 못박혀 죽으신 이야기는 고통과 두려움 속에 있던 부인을 거기에서 벗어나게 하는 힘이 있었습니다.

사람의 마음에 있는 근심, 절망, 악한 생각, 음란 등등은 전부 어두움에 속한 것입니다. 예수님이 없는 마음에 머물 수 있는 것들입니다. 빛이 없는 곳에 어두움이 존재하는 것과 같습니다. 그러나 빛이 오면 어두움은 물러가듯이, 누구든지 예수님이 우리를 위해 행하신 일을 정확히 알면 달라집니다. 예수님이 십자가에서 흘리신 피가 우리 죄를 씻었다는 사실을 정확히 믿으면 우리가 죄에서 벗어납니다. 믿음은 곧 빛이신 예수님을 우리 마음에 받아들이는 것입니다.

예수님이 서기관과 바리새인을 회칠한 무덤이라고 하셨습니다. 그들은 속을 깨끗하게 할 수 없으니까 겉만 깨끗하게 단장했습니다. 우리 마음에 있는 더럽고 추한 것들, 고통과 절망 같은 것들을 어떻게 몰아낼 수 있습니까? 빛이 들어오면 쫓겨나갑니다.

앞에 이야기한 부인은 마음에 예수님을 믿은 뒤 달라졌습니다. 아이가 아빠 집에 가는 날이 되었을 때 엄마가 아이에게 말했습니다. "걱정하지 마. 엄마가 기도할게. 아빠도 너를 사랑해. 이제는 괜찮을 거야." 아이도 안정을 찾았습니다.

어떤 사람이든지 오늘 예수님이 마음에 임하시면, 그 마음에서 어두운 것들이 떠나가고 빛으로 가득 차게 됩니다.

103강

# 예루살렘아, 예루살렘아

"예루살렘아, 예루살렘아, 선지자들을 죽이고 네게 파송된 자들을 돌로 치는 자여. 암탉이 그 새끼를 날개 아래 모음같이 내가 네 자녀를 모으려 한 일이 몇 번이냐? 그러나 너희가 원치 아니하였도다. 보라, 너희 집이 황폐하여 버린바 되리라. 내가 너희에게 이르노니 이제부터 너희는 '찬송하리로다, 주의 이름으로 오시는 이여' 할 때까지 나를 보지 못하리라 하시니라."(마 23:37~39)

### 예수님이 사람들의 마음에 수많은 말씀의 씨를 뿌리셨다

마태는 예수님을 '유대인의 왕'으로 표현했습니다. 4복음서 가운데 마태복음에는 예수님의 족보가 나옵니다. 유대인의 왕이기 때문입니다. 마가복음에는 족보가 없습니다. 마가복음은 예수님을 '하나님의 종'으로 표현했습니다. 종은 족보가 없습니다. 누가복음은 예수님을 '사람의 아들, 인자'로 표현했습니다. 사람에게는 족보가 있습니다. 요한복음은 예수님을 '하나님의 아들'로 표현했습니다. 하나님의 아들은 족보가 필요없습니다.

왕은 모든 일을 말로 합니다. 마태복음은 예수님을 유대인의 왕으로 표현했기 때문에 예수님이 하신 말씀이 4복음서 가운데 가장 많이 나옵니다. 누가복음 15장에 나오는 탕자 이야기에서, 탕자가 돌아왔을 때 아버지가 종들에게 말합니다. "제일 좋은 옷을 입혀라." "손에 가락지를 끼워라." "발에 신을 신겨라." "살진 송아지를 끌어다 잡아라." 아버지가 말할 때마다 종들이 그대로 행했습니다. 탕자의 아버지처럼 마태복음에서 예수님은 많은 말씀을 하셨습니다.

예수님이 하신 이야기 가운데 씨 뿌리는 비유가 있습니다. 어떤 씨는 길가에, 어떤 씨는 돌밭에, 어떤 씨는 가시떨기에, 어떤 씨는 좋은 땅에 떨어졌습니다. 예수님이 하신 말씀이 사람들의 마음에 떨어지는데 마음 상태가 각기 다릅니다. 어떤 사람의 마음은 말씀이 뿌리도 내리지 못하는 길가 같습니다. 어떤 사람의 마음은 말씀이 깊이 뿌리내리지 못해 말라버리는 돌밭 같습니다. 어떤 사람의 마음은 세상 욕망이 가득해 말씀이 결실하지 못하는 가시떨기 같습니다. 어떤 사람의 마음은 좋은 땅과 같아서 30배, 60배, 100배의 열매를 맺습니다.

예수님이 3년 동안 유대 땅을 다니시면서 사람들의 마음에 수많은 말씀의 씨를 뿌리셨습니다. 어떤 사람은 예수님의 말씀을 마음에 그대로 받아들여서 그 열매를 얻는 복을 받았습니다. 반대로 말씀을 받아들이지 못한 마음을 가진 사람들은 저주를 받습니다.

**예루살렘이 거짓 종교 지도자들을 중심에 받아들였기 때문에**
마태복음 23장 37절에서 예수님은 **"예루살렘아, 예루살렘아, 선지자들을 죽이고 네게 파송된 자들을 돌로 치는 자여. 암탉이 그 새끼를 날개 아래 모음같이 내가 네 자녀를 모으려 한 일이 몇 번이냐? 그러나 너희가 원치 아니하였도다."** 라고 하며 안타까워하셨습니다. 예루살렘이 왜 선지자들을 죽이고 하나님이 보내신 자들을 돌로 쳤습니까?

예루살렘 성전에 거짓 종교 지도자들을 세웠습니다. 성전에 대제사장과 여러 제사장이 있고, 서기관들이 있고, 바리새인들이 있고, 율법사들이 있었습니다. 예루살렘은 중심부에 그들을 받아들였습니다. 예수님이 세상에 오셨을 때 그 종교 지도자들이 예수님을 보니 자신들의 위치가 위험했습니다. 예수님이 참된 하나님의 종이요 하나님의 사람인 것을 알고, 자신들은 예수님처럼 살 수 없으니까 두려웠습니다. '잘못하면 제사장 자리를 빼앗길지 몰라.' '율법사인 내가 백성들에게 인정을 못 받을지 몰라.' 예수님과 자신들을 비교했을 때 너무 다른 것을 알았기 때문에 그들은 예수님을 죽여야 했습니다.

누가 예수님을 사로잡았습니까? 대제사장이 은 30에 예수님을 샀습니다. 종교 지도자들이 모략으로 예수님을 십자가에 못박았습니다. 예루살렘이 거짓 선지자들, 거짓 하나님의 종들을 받아들였기 때문에 선지자들을 죽이고, 하나님이 보내신 자들을 돌로 쳤습니다.

"… 암탉이 그 새끼를 날개 아래 모음같이 내가 네 자녀를 모으려한 일이 몇 번이냐? 그러나 너희가 원치 아니하였도다."(마 23:37)

하나님이 진리로 예루살렘을 감싸고 보호하려고 하셨습니다. 암탉이 병아리를 자기 날개 아래 모으는 것처럼 예루살렘을 하나님의 날개 아래 모으려고 하셨습니다. 그러나 다 뿌리쳤습니다. 그들 안에 거짓 종교 지도자들이 있었기 때문입니다. 예루살렘이 거짓 종교 지도자들을 중심에 받아들였기 때문입니다. 예루살렘은 선지자를 죽이고 하나님이 보내신 종들을 돌로 쳤으며, 마지막으로 하나님의 아들을 십자가에 못박았습니다.

### 하나님은 죄에서 떠나게 하시지만 예루살렘은 죄를 사랑했다

예루살렘과 같은 마음을 가진 사람이 많습니다. 하나님을 믿는다고 하지만, 참된 하나님의 종이 아닌 거짓 종들을 그들 마음에 받아들였습니다. 왜 그렇게 했습니까? 거짓 종들이 그들 마음에 잘 맞기 때문입니다. 하나님은 예루살렘의 죄를 지적하고 죄에서 떠나게 하시지만, 예루살렘은 죄를 사랑했습니다. 죄를 놓기 싫었습니다. 그래서 거짓 선지자들을 받아들였습니다. 거짓 선지자들은 죄가 있는 사람을 용납합니다. 그러나 하나님은 죄를 용납하시지 않습니다.

결국 예루살렘은 멸망을 당했습니다. 로마군에게 예루살렘이 함락되었습니다. 유대인들이 로마에 저항했고, 그 결과로 많은 사람들이 처참하게 죽었습니다. 그들은 하나님을 거슬러도 괜찮을 줄 알았습니다. 마음에 죄를 두어도 괜찮을 줄 알았습니다. 마음이 어둡고 악을 품고 있어도 괜찮을 줄 알았습니다.

예수님은 예루살렘이 멸망할 것을 아셨기 때문에 예루살렘에서 많은 말씀을 전하셨습니다. 예루살렘을 불쌍히 여기셨습니다. 병든 자를 고쳐 주셨고, 귀신 들린 자에게서 귀신을 쫓아 주셨으며, 불쌍한 사람들을 돌보며 그들에게 따뜻하게 하나님의 말씀을 전하셨습니다. 그들이 마음에서 어두움을 쫓아내려면 빛이신 예수님을 마음에 받아들여야 했습니다. 그들 속에 있는 악을 내쫓고 저주를 몰아내려면 예수님이 계셔야 했습니다. 그러나 그들은 예수님을 거역했습니다. 그리고 얼마 지나지 않아서 예루살렘이 멸망을 당했습니다.

　예수님은 멸망을 앞둔 예루살렘에서 회개해야 한다는 사실을 가르치셨습니다. 예수님이 포도원 농부에 관하여 이야기하셨습니다. 포도원 농부들이 주인이 보낸 종들과 주인의 아들을 죽이고 멸망을 당하는 이야기를 들려주셨습니다. 임금님의 혼인 잔치에 청함을 받은 자들이 가기 싫어서 임금님이 보낸 종들을 능욕하고 죽인 뒤 진멸 당하는 이야기를 들려주셨습니다. 서기관들과 바리새인들을 책망하시며 그럴듯한 겉모양과 달리 그들의 마음이 얼마나 악하고 더럽고 추한지 가르쳐 주셨습니다.

　예수님이 간곡하게 말씀하셨지만, 그들이 예수님이 하시는 말씀을 받아들이지 않고 거부했습니다. 그래서 예수님은 멸망을 이야기하셨습니다.

　"보라, 너희 집이 황폐하여 버린바 되리라."(마 23:38)

### 예수님을 거부하고 죄를 선택하는 수많은 사람들

예루살렘 사람들이 예수님을 거부하고, 결국 예수님을 십자가에 못박는 데 이르렀습니다. 그것이 저주를 예루살렘에 끌어오고 있다는 사실을 그들은 몰랐습니다. 그들은 예수님을 십자가에 못박아야 하는 게 아니었습니다. 자기 마음에 있는 어두움을 십자가에 못박아야 했습니다. 마음에 있는 죄악을 십자가에 못박아야 했습니다. 그런데 그들은 빛이신 예수님보다 악을 좋아했습니다. 죄를 사랑했습니다. 어두움에 머물러 있는 것이 편했습니다.

예수님이 십자가에 못박히시기 전, 민란을 일으킨 유명한 죄수가 감옥에 갇혀 있었습니다. 그는 악한 일을 행해 저주를 받기에 합당한 사람이었습니다. 그의 이름은 바라바였습니다. 유대인의 명절이 되면, 로마 총독이 이스라엘 백성들의 소원대로 죄수 하나를 놓아주는 전례가 있었습니다. 유월절을 맞아 이스라엘 백성이 모였을 때, 총독 빌라도가 물었습니다.

"너희는 내가 누구를 놓아주기를 원하느냐? 바라바냐, 그리스도라 하는 예수냐?"

그때 바라바를 선택하라고 하는 대제사장들과 장로들의 이야기를 듣고 사람들이 대답했습니다.

"바라바로소이다."

그들은 예수님을 거부하고 살인하고 민란을 일으킨 바라바를 선택했습니다. 빌라도가 다시 물었습니다.

"그러면 그리스도라 하는 예수를 내가 어떻게 하랴?"

그들이 대답했습니다.

"십자가에 못박혀야 하겠나이다."

그들이 행한 죄악이 얼마 지나지 않아서 예루살렘이 로마군에게 비참하게 멸망을 당하는 일로 이어졌습니다.

　예수님이 멸망을 당할 예루살렘을 향해 안타깝게 말씀하셨습니다. "예루살렘아, 예루살렘아, 선지자들을 죽이고 네게 파송된 자들을 돌로 치는 자여. 암탉이 그 새끼를 날개 아래 모음같이 내가 네 자녀를 모으려 한 일이 몇 번이냐? 그러나 너희가 원치 아니하였도다." (마 23:37)

　이 말씀은 오늘 우리에게도 하시는 이야기입니다. "예루살렘아, 예루살렘아"라고 하신 예수님이 우리를 향해서도 말씀하십니다. 그런데 멸망을 당한 예루살렘처럼 오늘도 얼마나 많은 사람들이 예수님을 거부하고 죄를 선택하는지 모릅니다. 욕망을 즐기기 위해 예수님을 버리는 사람이 얼마나 많은지 모릅니다. 그 결국이 멸망이라는 사실을 성경은 우리에게 자세히 이야기하고 있습니다. 분명히 보여주고 있습니다.

　누구든지 악을 좋아하고 어두움을 사랑해서 마음에 죄악을 두면, 멸망당한 예루살렘처럼 멸망을 당할 수밖에 없습니다. 안타깝게도, 정말 많은 사람들이 자신의 마음에 악을 두고 기회를 따라 "나를 죄악으로 끌어가 다오. 나를 쾌락으로 끌어가 다오."라고 외칩니다. 그것이 곧 자신을 멸망으로 끌어가 달라는 이야기인 줄 모르고, 어두움에 머물며 죄악과 뒹구는 사람이 많습니다.

### '나를 멸망에서 건져주시길 바랍니다' 해야

예루살렘은 거짓 선지자들을 택하고 참 선지자들을 죽였습니다. 하나님이 보내신 종들을 돌로 쳤습니다. 마지막으로, 하나님의 아들을 십자가에 못박아 죽였습니다. 그 결국은 비참한 멸망이었습니다. 거짓 종교 지도자들의 말을 따라 바라바를 선택하고 예수님을 죽인 것이 예루살렘에 저주와 멸망을 불러왔습니다.

사탄은 오늘도 사람들을 예루살렘이 간 길로 끌어가고 있습니다. 사람들의 마음에 악하고 더럽고 추한 것을 사랑하게 하고, 거짓과 어두움을 좋아하게 만들고 있습니다. 그것을 생각하면, 너무 불쌍하고 두렵습니다.

마음에 빛이신 예수님을 모셔야 합니다. 그러기 위해 '예수님, 저는 악을 버리고 예수님을 섬기길 원합니다. 내 마음에 있는 모든 악을 내쫓길 원합니다. 이 악이 나를 멸망당한 예루살렘처럼 파멸의 길로 이끌고 있습니다. 예수님이 모든 악을 내쫓아 주셔서 나를 멸망에서 건져주시길 바랍니다' 해야 합니다. 마음에 죄악이 있는 사람은 다 이 마음을 가져서 하나님의 은혜를 입게 되길 바랍니다.

104

# 선지자 다니엘의 말한바

"예수께서 감람산 위에 앉으셨을 때에 제자들이 종용히 와서 가로되, 우리에게 이르소서. 어느 때에 이런 일이 있겠사오며 또 주의 임하심과 세상 끝에는 무슨 징조가 있사오리이까?"(마 24:3)

"그러므로 너희가 선지자 다니엘의 말한바 멸망의 가증한 것이 거룩한 곳에 선 것을 보거든(읽는 자는 깨달을진저) 그때에 유대에 있는 자들은 산으로 도망할지어다."(마 24:15~16)

**멸망의 가증한 것이 성전에 서는 때에 마지막 한 이레가…**
마태복음 24장에는 예수님이 마지막 때에 관해 말씀하신 이야기가 기록되어 있습니다. 제자들이 세상 끝에는 무슨 징조가 있는지 물었습니다. 예수님이 제일 먼저 미혹을 받지 않도록 주의하라고 하셨습니다. 많은 거짓 그리스도가 일어나 사람들을 미혹한다고 하셨습니다. 또한 거짓 선지자가 많이 일어나서 사람들을 미혹할 것이라고 하셨습니다.

예수님이 끝날에 있을 여러 징조들을 말씀하신 뒤, 마지막으로 다니엘 성경에 기록된 내용을 이야기하셨습니다. 멸망의 가증한 것이 거룩한 곳에 선 것을 보면, 그때에 큰 환난이 있을 것이라고 하셨습니다.

다니엘 9장을 보면, 하나님이 70이레로 기한을 정했다는 이야기가 나옵니다.

**"네 백성과 네 거룩한 성을 위하여 칠십 이레로 기한을 정하였나니, 허물이 마치며 죄가 끝나며 죄악이 영속되며 영원한 의가 드러나며 이상과 예언이 응하며 또 지극히 거룩한 자가 기름부음을 받으리라."(단 9:24)**

이 내용은 다니엘이 포로로 지내던 상태에서 기록한 것으로, '거룩한 성'은 예루살렘 성을 가리킵니다. 하나님이 예루살렘의 기한을 70이레로 정하셨다는 것입니다. '이레'는 7을 의미하는 단어로 7년을 나타냅니다. 다니엘은 70이레를 크게 69이레와 마지막 1이레로 나누어 이야기했습니다.

**"그러므로 너는 깨달아 알지니라. 예루살렘을 중건하라는 영이 날 때부터 기름 부음을 받은 자 곧 왕이 일어나기까지 일곱 이레와 육십이 이레가 지날 것이요…"(단 9:25)**

무너진 예루살렘 성을 중건하라는 명령이 떨어진 때부터 기름 부음을 받은 자, 곧 메시아가 일어나기까지 모두 69이레가 지난다고 했습니다.

**"육십이 이레 후에 기름 부음을 받은 자가 끊어져 없어질 것이며…"(단 9:26)**

7이레와 62이레, 즉 69이레가 지난 후에는 메시아가 끊어져 없어질 것이라고 했습니다. 그리고 멸망의 가증한 것이 거룩한 성전에 서는 때에 마지막 한 이레가 지나간다고 했습니다.

다니엘은 70이레에 관해 이야기하면서, **"허물이 마치며 죄가 끝나며 죄악이 영속되며 영원한 의가 드러나며 이상과 예언이 응하며"** 라고 메시아가 오실 때 이루어지는 일을 말했습니다. 그리스도가 세상에 오시면 허물이 마칩니다. 죄가 끝납니다. 죄악이 영원히 속해집니다. 영원한 의가 드러납니다.

사람들은 허물이 마치고 죄가 끝난다는 사실에 의문을 갖습니다. '내가 매일 연약하고 악한데 어떻게 허물이 마쳐지고 죄가 끝나지?' 이 세상에서는 그런 일이 일어나지 않습니다. 그래서 예수님은 당신이 흘리신 피를 세상에 있는 성전에 뿌린 것이 아니라 하늘나라 성전에 뿌리셨습니다. 시간이 흐르는 이 땅에서는 영원한 일을 이루지 못하지만, 영원한 하늘나라에서 이루어진 일은 다 영원합니다. 예수님이 하늘나라 성전에 피를 뿌리셨기 때문에 그 피의 능력은 영원합니다. 언제나 우리 죄를 깨끗하게 합니다. 우리 죄가 영원히 씻어졌습니다.

예수님이 십자가에 못박혀 죽으심으로 허물이 마치고 죄가 끝났습니다. 죄악이 영속되고 영원한 의가 드러났습니다.

"저가 한 제물로 거룩하게 된 자들을 영원히 온전케 하셨느니라." (히 10:14)

성경은 이 놀라운 사실을 우리에게 이야기해주고 있습니다.

**예루살렘은 이방인의 때가 차기까지 이방인들에게 밟히리라**

예수 그리스도가 세상에서 끊어지고 이제 마지막 한 이레가 시작되어야 합니다. 그런데 이스라엘 백성이 예수님을 십자가에 못박아 예루살렘이 멸망을 당합니다. 유대인들이 예루살렘에 거하지 못하고 이방인이 그 땅을 차지합니다. 예루살렘에 정해진 시간이 잠시 멈추고 '이방인의 때'가 시작된 것입니다.

"저희가 칼날에 죽임을 당하며 모든 이방에 사로잡혀 가겠고, 예루살렘은 이방인의 때가 차기까지 이방인들에게 밟히리라."(눅 21:24)

이방인의 때가 끝나면 예루살렘에 성전이 다시 지어지고, 마지막 한 이레가 시작됩니다. 그때 이스라엘 백성이 구원받는 역사가 일어납니다.

이방인의 때에는 어떤 일이 일어납니까? 유대인에게 전해졌던 복음이 이방인에게도 전해집니다. 그 일이 성경에 자세히 기록되어 있습니다. 사도행전에 보면 부활하신 예수님이 제자들에게 이렇게 말씀하셨습니다.

"오직 성령이 너희에게 임하시면 너희가 권능을 받고 예루살렘과 온 유대와 사마리아와 땅끝까지 이르러 내 증인이 되리라 하시니라." (행 1:8)

예수님이 땅끝까지 이르러 내 증인이 될 것이라고 하셨습니다. 땅끝이란 이방인에게도 복음이 전해진다는 이야기입니다. 예수님의 제자들은 전부 유대인이었습니다. 그들은 땅끝까지 가서 복음을 전하려고 하지 않고 예루살렘에 모여 있었습니다. 예수님이 그들을 흩기 위해서 핍박을 허락하셔서서 많은 성도들이 유대와 사마리아 땅으로 가서 복음을 전했습니다. 그 일이 있은 뒤 사도행전 10장에 보면, 이방인인 백부장 고넬료가 베드로에게 복음을 듣고 구원받는 이야기가 나옵니다.

고넬료가 하나님의 인도를 받아 사람들을 베드로에게 보내, 베드로를 자기 집으로 청해서 말씀을 들었습니다. 그때까지 사도들이 이방인에게 복음을 전한 적도 없고, 이방인과 교제하지도 않았습니다. 베드로가 고넬료의 집에 도착해 이렇게 말했습니다.

"유대인으로서 이방인과 교제하는 것과 가까이하는 것이 위법인 줄은 너희도 알거니와, 하나님께서 내게 지시하사 아무도 속되다 하거나 깨끗지 않다 하지 말라 하시기로 부름을 사양치 아니하고 왔노라. 묻노니, 무슨 일로 나를 불렀느뇨?"

고넬료가 자신이 기도할 때 빛난 옷을 입은 한 사람이 베드로를 청해서 말씀을 들으라고 했다는 이야기를 했습니다. 베드로가 그 이야기를 듣고 '하나님이 이방인도 복음을 듣게 하시는구나!' 하고 복음을 전해 고넬료와 함께 말씀을 듣던 사람들이 구원을 받고 그들에게 성령이 임하는 역사가 일어났습니다.

복음이 그렇게 이방인에게 전해지기 시작했고, 사도 바울을 통해 수많은 이방인에게 복음이 전해졌습니다. 오랫동안 이방인의 때가 이어졌습니다. 그동안 유대인들은 거의 구원을 받지 않았습니다. 이에 관해 로마서 11장에서 이야기하고 있습니다.

"형제들아, 너희가 스스로 지혜 있다 함을 면키 위하여 이 비밀을 너희가 모르기를 내가 원치 아니하노니, 이 비밀은 이방인의 충만한 수가 들어오기까지 이스라엘의 더러는 완악하게 된 것이라."(롬 11:25)

이방인의 충만한 수가 들어오기까지 이스라엘 백성은 완악하게 되었다고 했습니다. 유대인들은 예수님을 십자가에 못박고 저주를 자초했습니다. 그들이 완악해짐으로 인해 이방인인 우리가 구원받는 길이 열렸습니다. 전 세계에 복음이 전파되는 역사가 일어났습니다. 요즘은 우리 선교회를 통해 세계 곳곳에 복음이 전해져 수많은 사람들이 구원받는 역사가 이어져 얼마나 감사한지 모릅니다.

### 그리하여 온 이스라엘이 구원을 얻으리라

예수님을 배척한 결과로 서기 78년에 예루살렘이 함락되었습니다. 그 후 유대인들은 전 세계로 흩어져 많은 괴로움을 겪었습니다. 2차 대전 중에는 정말 많은 유대인이 희생을 당했습니다. 1948년 5월 14일, 유대인들이 이스라엘로 돌아가 기적처럼 나라를 다시 세웠습니다. 2천 년 가까이 나라 없이 설움을 당하고 고통을 겪으며 지내다가 다시 나라를 찾았습니다. 거할 처소를 얻었습니다. 예루살렘 땅을 밟았습니다.

그러나 유대인들은 아직도 예수님을 메시아라고 믿지 않습니다. 예수님이 세상에 계셨을 때, 유대인들이 볼 때 예수님이 너무 초라했습니다. 이사야 53장 2절에 보면, 예수님을 "**연한 순 같고 마른 땅에서 나온 줄기 같아서 고운 모양도 없고 풍채도 없은즉 우리의 보기에 흠모할 만한 아름다운 것이 없도다.**"라고 표현했습니다. 예수님은 세상에 오실 때 마구간에서 나셨고, 나사렛이라는 시골 마을에서 자라셨습니다. 서른 살이 될 때까지 목수 일을 하셨기 때문에 평범하기 그지없었습니다. 사람들이 예수님을 흠모할 만한 것이 없었습니다. 예수님이 갈릴리에서 제자들을 선택하셨는데 대부분 어부였습니다. 그들 또한 흠모할 만한 것이 없었습니다.

예수님과 제자들이 예루살렘에 갔습니다. 예루살렘에는 멋진 옷을 입고 훌륭해 보이는 대제사장, 서기관, 바리새인 등 품위 있는 사람들이 있었습니다. 그들에 비하면 예수님과 제자들은 초라하기 짝이 없었습니다. 누구도 예수님을 메시아라고 생각하지 않았습니다. 그들이 예수님께서 메시아인 줄 알았다면 십자가에 못박지 않았을 것입니다. 예수님은 유대인들에게 배척과 멸시를 당하셨고, 십자가에 못박히셨습니다.

예수님을 메시아로 믿지 않는 유대인들은 지금도 메시아를 기다리고 있습니다. 이제 이방인의 때가 끝나면 많은 유대인들이 예수님이 메시아인 것을 알고 구원받는 역사가 일어납니다.

우리 선교회에서 이스라엘에 보낸 선교사님이 한번은 저를 찾아와서 말했습니다.

"목사님, 이스라엘 사람들은 구원을 안 받습니다. 예수님을 받아들이지 않습니다. 예수님이 그리스도라고 믿지 않습니다."

마음에 힘을 잃은 선교사님에게 제가 로마서 11장 25~26절을 읽어 주었습니다.

"… 이방인의 충만한 수가 들어오기까지 이스라엘의 더러는 완악하게 된 것이라. 그리하여 온 이스라엘이 구원을 얻으리라…"(롬 11:25~26)

이스라엘 선교사님이 이 성경 구절을 보고 깜짝 놀랐습니다. '아, 이방인의 충만한 수가 들어오기까지 유대인들이 완악하게 되었구나. 때가 되면 온 이스라엘이 구원을 얻는구나!' 그때부터 이스라엘 사람들이 구원받는다는 믿음과 소망을 가지고 복음을 전하기 시작했습니다. 그러면서 한 사람 한 사람 구원받는 역사가 일어나기 시작했습니다. 우리가 만든 설교집을 읽고 "예수님이 속죄양이라면 이 책에서 말한 대로 우리가 그의 피로 구원받는 것이 확실하다."라고 하는 사람들이 생기기 시작했습니다.

### 이방인의 때가 끝나면 마지막 한 이레가 시작될 것이다

2천 년 동안 이어진 이방인의 때가 끝나고 다시 유대인의 때가 돌아오고 있습니다. 마지막 한 이레 동안 많은 유대인들이 구원받는 역사가 일어날 것입니다. 요한계시록에는 이스라엘 각 지파에서 1만 2천 명씩 14만 4천 명이 구원받는 이야기가 나옵니다. 놀라운 일이 아닐 수 없습니다.

예수님이 세상에 계실 때에는 유대인들이 예수님을 배척하고 조롱했는데, 이제 그들이 예수님을 메시아로 받아들일 때가 다가오고 있습니다. 수많은 유대인이 구원받는 역사가 일어날 것입니다.

이스라엘 백성들이 예루살렘에 돌아왔지만 성전이 지어진 자리는 아직 밟지 못하고 있습니다. 그곳에는 회교 사원이 자리하고 있기 때문입니다. 유대인들은 성전 터에 다시 성전을 세우려고 모든 준비를 마쳤다고 합니다. 이제 성전 터에 세워져 있는 회교 사원이 무너지고 거기에 유대인들이 그토록 소망하고 있는 성전이 세워질 것입니다. 그러면 이방인의 때가 끝나고 유대인들이 구원받는 일이 일어날 것입니다.

하나님은 인간에게 긍휼을 베푸십니다. 전에는 이방인이 하나님께 순종치 않았지만, 이스라엘 백성이 순종치 않음으로 이방인이 긍휼을 입었습니다. 이제 하나님은 불순종한 유대인에게 긍휼을 베푸십니다. 하나님이 사람들을 불순종 가운데 가두어 두시는 것은 모든 사람에게 긍휼을 베풀기 위함입니다.

**"너희가 전에 하나님께 순종치 아니하더니 이스라엘의 순종치 아니함으로 이제 긍휼을 입었는지라. 이와 같이 이 사람들이 순종치 아니하니 이는 너희에게 베푸시는 긍휼로 이제 저희도 긍휼을 얻게 하려 하심이니라. 하나님이 모든 사람을 순종치 아니하는 가운데 가두어 두심은 모든 사람에게 긍휼을 베풀려 하심이로다."**(롬 11:30~32)

이제 이방인의 때가 끝나고 유대인의 때가 올 것입니다. 유대인이 구원받는 역사가 수없이 일어날 것입니다. 우리는 지금 역사적인 시대를 살고 있습니다. '이방인의 때'의 마지막 지점에 있습니다. 남은 때에 우리가 힘있게 복음을 전해서 이방인이 많이 구원받게 되기를 바랍니다.

얼마 후면 예루살렘에 성전이 지어지고 유대인이 구원받는 역사가 시작될 것입니다. 한편으로는 멸망의 가증한 것이 거룩한 성전에 서서 자신이 메시아라고 하는 일이 일어날 것입니다. 마지막 한 이레, 마지막 때가 시작될 것입니다.

**105강**

# 신랑을 맞으러 나간 열 처녀

"그때에 천국은 마치 등을 들고 신랑을 맞으러 나간 열 처녀와 같다 하리니 그 중에 다섯은 미련하고 다섯은 슬기 있는지라. 미련한 자들은 등을 가지되 기름을 가지지 아니하고 슬기 있는 자들은 그릇에 기름을 담아 등과 함께 가져갔더니"(마 25:1~4)

### 사람을 미련하게 만드는 몇몇 가지 원인

마태복음 25장에는 예수님이 말씀하신 세 가지 이야기가 나옵니다. 첫 번째는 열 처녀 이야기고, 두 번째는 달란트 이야기, 세 번째는 염소와 양 이야기입니다. 첫 번째 이야기를 보면, 열 처녀가 등을 들고 신랑을 맞으러 갔습니다. 그런데 슬기로운 다섯 처녀는 등과 함께 기름을 가져갔고, 미련한 다섯 처녀는 등만 가져가고 기름을 가져가지 않았습니다.

　사람을 미련하게 하는 몇몇 가지 원인이 있습니다. 학교에 다니면서 다른 친구들보다 시험을 잘 볼 때가 있습니다. 혹은, 여자의 경우 얼굴이 다른 친구들보다 예쁘다고 느낄 때가 있습니다. 그런 생각이 자리를 잡으면 미련해지기 시작합니다. 저도 설교해서 사람들이 감동을 받고 변화되면 내가 설교를 잘한다고 느낍니다. 그러면 마음이 조금씩 교만해지기 시작합니다.

　교만해진 사람은 그것으로 끝나는 것이 아닙니다. 교만해지면 반드시 태만이 따라옵니다. 그러면 성경을 대충 읽고, 신앙생활도 진지하게 하지 않고 대충 하게 됩니다. 그런 것이 습관이 되면 미련한 짓을 합니다. 어느덧 미련한 사람이 되어 있습니다.

　미련한 다섯 처녀는 얼굴이 예쁘거나 무엇을 잘한 것이 있었을 것입니다. '나는 일을 잘해. 나는 머리가 좋아.' 이런 것으로 마음이 교만해졌습니다. 그래서 대충 생각하며 살았습니다. 이 사람들은 섬세하고 정확히 사고하지 못하니까, 등을 준비한 뒤 기름이 얼마나 있는지 확인하지 않았습니다. 등불을 켜보고는 '불이 잘 붙네' 하고, 등 안에 기름이 얼마나 있는지는 몰랐습니다. 그냥 '어두워지면 등불을 켜면 되겠지'라고 생각했습니다. 슬기로운 다섯 처녀는 등을 준비한 뒤 불을 켤 수 있도록 기름을 준비했습니다.

　열 처녀가 신랑을 기다리다가 신랑이 더디 오므로 다 졸며 잠이 들었습니다. 밤중이 되어 소리가 들렸습니다. "보라 신랑이로다! 맞으러 나오라!" 열 처녀가 다 일어나 등불을 켰습니다. 그런데 미련한 다섯 처녀의 등에는 기름이 없어서 불이 꺼져갔습니다. 그들이 기름을 준비하러 간 사이에 신랑이 오고 문이 닫혔습니다.

"이에 그 처녀들이 다 일어나 등을 준비할새, 미련한 자들이 슬기 있는 자들에게 이르되 '우리 등불이 꺼져가니 너희 기름을 좀 나눠 달라' 하거늘 슬기 있는 자들이 대답하여 가로되 '우리와 너희의 쓰기에 다 부족할까 하노니 차라리 파는 자들에게 가서 너희 쓸 것을 사라' 하니, 저희가 사러 간 동안에 신랑이 오므로 예비하였던 자들은 함께 혼인 잔치에 들어가고 문은 닫힌지라."(마 25:7~10)

미련한 다섯 처녀는 결국 혼인 잔치에 가지 못했습니다.

## 오늘날 사람들이 미련한 처녀와 같은 길을 간다

미련하다는 것이 다른 게 아닙니다. 자신이 남보다 잘하고 똑똑하고 뛰어나고 예쁘다고 생각할 때 마음이 교만해집니다. 이 교만이 사람을 미련하게 만듭니다. 등불은 기름으로 켠다는 사실을 모르는 사람은 없습니다. 그러니 등을 준비하고 기름은 준비하지 않았다면, 얼마나 미련합니까? 이 이야기는 우리에게 아주 중요한 사실을 말해 줍니다.

오늘날 교회에 다니는 많은 사람들이 미련한 다섯 처녀와 같은 길을 갑니다. '나는 선한 일을 했어. 나는 기도를 많이 했어. 기도한 것에 응답도 많이 받았어. 내가 전도해서 사람들이 많이 교회에 나와.' 이렇게 생각해 마음이 높아져서 미련해집니다. 사람은 누구나 자신이 보기에 선한 부분이 있습니다. 아무리 악한 사람도 선한 면이 한 토막씩은 있습니다. 늘 악한 일만 행하는 것이 아니라 선한 일을 할 때도 있습니다. 그런데 자신이 행한 선한 일만 보고 '나는 선하다'라고 생각합니다. 자연히 마음이 교만해져서 미련해집니다.

슬기로운 다섯 처녀는 등을 켜보고, 등 안에 기름이 충분히 있는지 살펴보았습니다. 그리고 여분으로 기름을 준비했습니다. 미련한 다섯 처녀는 그렇게 하지 않았습니다. 신랑이 왔을 때 등불이 제대로 켜질지 점검도 해보지 않았습니다. 신앙생활을 하는 사람들이 다 예수님을 기다리며 천국에 들어가길 원합니다. 슬기로운 사람은 자신이 예수님을 맞을 준비가 다 되었는지 살펴봅니다. 반대로 미련한 사람은 예수님을 맞을 생각만 하지, 맞을 준비가 되었는지는 살펴보지 않습니다.

저는 어려서부터 교회에 다녔습니다. 죄를 사함 받아야 하는 것도 모르고, 거듭나야 한다는 것도 모르고 그냥 교회에 열심히 다녔습니다. 교회에서 시키는 대로 십계명을 지키려고 하고, 주일을 지키려고 하고, 착한 일을 하려고 했습니다. 그렇게 살면 점점 선해져야 하는데, 나이가 들수록 점점 악을 행하는 나를 보았습니다.

내 속에 있는 악을 몰아내려고 발버둥을 쳤지만 번번이 악을 행하는 나를 보았습니다. 어느 시점에 이르렀을 때, 내가 나 자신을 발견했습니다. 내가 정말 나쁘고 더러운 인간이라는 사실을 알았습니다. 내가 선하게 살려고 하면 될 줄 알았던 것이 잘못된 판단이었다는 사실을 알았습니다. 제대로 하는 일도 없었습니다. 내가 똑똑하다고 생각했지만 하는 일마다 잘못되었습니다. 내가 나를 믿고 산 것이 어리석었다는 사실을 비로소 알았습니다.

그렇게 되니까, 선하지도 않고 똑똑하지 않은 나를 믿을 수 없었습니다. 내 속에서 여러 생각이 올라오지만 그것을 따라갈 수 없었습니다. 그렇게 지내다가 성경 말씀을 믿기 시작했고, 내 삶에 새로운 변화가 시작되었습니다.

**신앙생활 외형은 갖추었지만 마음에 성령은 없는 사람**

미련한 다섯 처녀는 기름을 준비하지 않았습니다. 등이 아무리 좋아도 기름이 없으면 등불은 꺼집니다. 여기서 기름은 하나님의 성령을 가리킵니다. 오늘도 미련한 처녀들처럼 신앙생활을 하는 외형은 잘 갖추었는데 마음에 성령은 없는 사람이 정말 많습니다. 성령은 어떤 사람의 마음에 임합니까? 죄가 있는 사람의 마음에는 거룩한 성령이 들어가지 않습니다. 의로워야 성령이 임합니다.

   우리가 어떻게 의로워질 수 있습니까? 자신이 선하게 살아서 의로워질 수 있는 사람은 한 사람도 없습니다. 예수님의 의를 받아들여야 합니다. 그런데 많은 사람들이 의롭지도 않으면서 의로운 모양을 냅니다. 자신이 선을 행하고 율법을 지킨 것으로 신앙생활을 하려고 합니다. 그런 사람은 예수님의 의를 받아들이지 않습니다. 자신이 선하게 살면 된다고 생각하기 때문에 예수님의 의를 필요로 하지 않습니다.

   제가 어느 나라에 갔을 때 그 나라에서 아주 유명한 기독교 지도자를 만났습니다. 그분은 예수님을 믿는다는 이유로 12년을 감옥에 갇혀 있었습니다. 제가 그분에게 거듭났느냐고 묻자 그렇다고 대답했습니다. 제가 다시 물었습니다.

   "어떻게 거듭났습니까?"

"목사님, 제가 예수님을 믿는다는 이유로 12년 동안 감옥에 갇혀 있었습니다. 내가 거듭나지 않았다면 그런 고난을 견딜 수 있었겠습니까?"

"감옥에 12년을 갇혀 있었던 것은 거듭나는 것과 아무 상관이 없습니다."

"그럼 제가 천국에 못 간다는 말입니까? 12년을 예수님 때문에 감옥에 갇혀 있었는데도 천국에 못 갑니까?"

"12년이 아니라 100년을 감옥에 갇혀 있어도 천국에 가는 것은 아닙니다."

제가 그렇게 말하자 그분이 저에게 소리를 질렀습니다.

"목사님, 감옥에 가보았습니까? 제가 감옥에 가서 저만 어려움을 겪은 줄 아십니까? 제 아내는 거지처럼 살았습니다. 우리 아이들은 길거리에서 과일 껍질을 주워서 먹고 살았습니다. 저만 고통당한 것이 아니라 우리 가족이 다 고통을 당했습니다. 그런데도 하늘나라에 갈 수 없다면 제가 무엇 때문에 그런 어려움을 겪었겠습니까?"

제가 이야기했습니다.

"어떤 사람이든지, 자신의 행위로 천국에 갈 수 있는 사람은 한 사람도 없습니다."

하나님이 예수님을 세상에 보내셨습니다. 왜 보내셨습니까? 모든 사람이 죄를 지었기 때문입니다. 누구도 자신의 죄를 스스로 해결할 수 없기 때문입니다. 인간이 스스로 죄에서 벗어날 수 있거나 지은 죄를 해결할 수 있다면 예수님을 보내실 이유가 없습니다. 우리가 할 수 없기 때문에 예수님을 보내셨습니다. 그렇기 때문에 우리가 아무리 선을 행한다 해도, 우리 행위나 노력으로는 하늘나라에 가지 못합니다. 그런데 오늘날 얼마나 많은 사람들이 예수님을 믿는다고 하면서 자기 행위나 노력에 얽매여 있는지 모릅니다. 바로 미련한 다섯 처녀와 같습니다.

### 나는 똑똑하니까 신랑이 나를 맞아줄 거야

미련한 다섯 처녀는 왜 등만 준비하고 기름을 준비하지 않았습니까? 자신을 믿어서 그렇게 해도 괜찮은 줄 알았습니다. '나는 예뻐, 나는 똑똑해, 나는 일을 잘해…' 이런 생각이 마음에 들어 있어서 자기 식으로 하면 될 줄 알았습니다. 무엇이 필요하고, 그것을 갖추었는지 찬찬히 따져볼 필요를 느끼지 못했습니다.

교회에 다니는 많은 사람들이 막연히 자신이 잘하면 하늘나라에 갈 수 있다고 생각하고 잘하려고만 합니다. 그러나 등도 가져야 하지만 기름도 있어야 합니다. 우리 마음에 성령이 계셔야 합니다. 기름이 있어야 등불이 탈 수 있는 것처럼, 마음에 성령이 계셔야 성도의 삶을 제대로 살 수 있습니다. 우리 마음에 성령이 계셔야 육신의 욕망이나 정욕을 따라 살던 내가 아닌 다른 나를 만듭니다. 성령이 계시지 않을 때에는 육신의 욕망이나 쾌락 같은 것들이 우리를 지배하고 우리를 움직이게 만듭니다. 성령이 계시면 성령으로 말미암아 이루어지는 삶이 시작됩니다.

미련한 다섯 처녀는 자신들이 잘났다고 생각했기 때문에 기름과 상관없이 신랑을 맞이할 수 있을 줄 알았습니다.

'나는 예쁘니까 신랑이 나를 맞아줄 거야.'

'나는 일을 잘하니까 신랑이 나를 맞아줄 거야.'

'나는 똑똑하니까 신랑이 나를 맞아줄 거야.'

밤중에 신랑이 왔을 때 어떤 일이 일어났습니까? 그들의 등에 기름이 없어서 등불이 꺼져갔습니다. 캄캄한 밤에 등불 없이 신랑을 맞을 수 없었습니다. 미련한 다섯 처녀가 당황하며 슬기로운 처녀들에게 말했습니다.

"우리 등불이 꺼져가니 기름을 좀 나눠줘."

"오늘 밤에 등불을 계속 켜고 있으려면, 너희에게 나누어주면 우리도 모자랄 수 있어. 그러니 차라리 빨리 가서 기름을 사와."

미련한 다섯 처녀가 그때 기름을 사러 뛰어갔습니다. 그 사이에 신랑이 와서 슬기로운 다섯 처녀는 신랑과 함께 혼인 잔치 자리에 들어가고, 문이 닫혔습니다.

미련한 다섯 처녀가 기름을 사러 다녔습니다.

"기름 좀 파세요!"

"밤이 늦었으니 내일 아침에 와요."

"우리, 결혼식에 가야 해요. 제발 기름 좀 팔아 주세요!"

"그렇게 급하면 다른 집에 가서 사요."

"제발 부탁드립니다! 기름을 팔아 주세요!"

간곡히 부탁해서 겨우 기름을 사서 돌아왔을 때에는 이미 문이 닫혀 들어갈 수 없었습니다. 미련한 다섯 처녀는 버림을 받을 수밖에 없었습니다.

**"그 후에 남은 처녀들이 와서 가로되 '주여, 주여, 우리에게 열어 주소서.' 대답하여 가로되 '진실로 너희에게 이르노니, 내가 너희를**

알지 못하노라' 하였느니라."(마 25:11~12)

　지혜로운 사람은 공부를 잘한다고 지혜로운 것이 아닙니다. 사업을 잘한다고 지혜로운 것도 아닙니다. 예수님의 피로 죄를 사함 받고 의롭게 되어서 성령을 마음에 모신 사람이 지혜로운 사람입니다. 의인으로 거듭나서 예수 그리스도를 만나 영원한 하늘나라에 가는 것이 지혜로운 것입니다. 공부를 잘하고 좋은 직장에서 돈을 잘 벌어 편하게 살다가 죽어서 지옥에 가면 그것이 뭐가 지혜롭습니까?

　미련한 다섯 처녀는 나름대로 똑똑하고 잘난 사람들이었습니다. 자신을 믿었기 때문에 대충 준비해도 괜찮을 줄 알았습니다. 조금만 살펴보았어도, 옆에 있는 슬기로운 처녀들이 기름을 준비한 것을 알았을 것입니다. '아, 기름을 준비해야지' 하고 자신도 기름을 준비했을 것입니다. 그런데 그들은 슬기로운 처녀들이 어떻게 하는지 관심도 없었습니다. 자신을 믿었기 때문에 자기 식으로 하면 된다고 생각했습니다.

　자기를 믿는 마음이 그들을 미련에 가두어버렸습니다. 그들이 얼마든지 기름을 준비할 수 있는 기회가 있었지만 놓쳐버렸습니다. 신랑이 오고 기름이 없어서 문제가 드러난 때에야 당황하며 기름을 준비하려고 했습니다. 그제야 기름을 사러 갔지만, 그 사이에 혼인 잔칫집의 문은 닫혔습니다. 미련한 다섯 처녀가 돈을 많이 들여 화장을 잘해서 얼굴을 예쁘게 꾸미고, 좋은 옷을 준비해서 입고, 다른 많은 것들을 갖추었어도 기름이 없으면 결국 슬피 울며 이를 갈 수밖에 없습니다.

　많은 사람들이 남을 돕고, 기도를 많이 하고, 율법을 지켜서 하늘나라에 가려고 합니다. 그러나 죄를 사함 받아 의롭게 되어서 성령을 모시지 못하면, 결국 미련한 다섯 처녀처럼 버림을 당할 수밖에 없습니다.

**106강**

# 각각 재능대로
# 달란트를 주고 떠났더니

"또 어떤 사람이 타국에 갈제 그 종들을 불러 자기 소유를 맡김과 같으니 각각 그 재능대로 하나에게는 금 다섯 달란트를, 하나에게는 두 달란트를, 하나에게는 한 달란트를 주고 떠났더니 다섯 달란트 받은 자는 바로 가서 그것으로 장사하여 또 다섯 달란트를 남기고, 두 달란트 받은 자도 그같이 하여 또 두 달란트를 남겼으되, 한 달란트 받은 자는 가서 땅을 파고 그 주인의 돈을 감추어 두었더니"(마 25:14~18)

### 그 사람이 어떻게 하는지 가서 보자
마태복음 25장의 두 번째 이야기는 달란트 비유입니다. 어떤 사람이 타국에 가면서 그 종들을 불러 자기 소유를 맡겼습니다. 그런데 똑같이 맡기지 않고 재능을 따라 어떤 종에게는 다섯 달란트를, 어떤 종에게는 두 달란트를, 어떤 종에게는 한 달란트를 맡겼습니다.

다섯 달란트를 맡은 사람은 그것으로 곧바로 장사해 다섯 달란트를 남겼습니다. 이 사람은 주인의 종이기 때문에 자기 몸도 주인의 것이고, 달란트도 주인의 것입니다. 그러니까 주인의 마음을 가지고 일을 했습니다. 다섯 달란트로 그가 장사했지만 그것은 주인이 하는 것과 똑같았습니다.

주인은 종들에게 달란트를 세 부류로 나누어 맡겼습니다. 다섯 달란트 받은 종은 주인의 마음을 정확히 알고 있었습니다. 그래서 두말하지 않고 주인처럼 바로 가서 장사를 하여 이익을 남겼습니다. 두 달란트를 받은 종은 다섯 달란트를 받은 종에 비해 재능이 반도 되지 않습니다. 그래서 주인이 자신에게 맡긴 두 달란트를 어떻게 해야 할지 잘 모르겠는 겁니다. 그 종이 어떻게 해야 좋을지 고민하다가 좋은 수가 떠올랐습니다.

'아, 다섯 달란트 받은 종은 주인의 마음을 잘 알아. 그 사람이 어떻게 하는지 가서 보자.'

그 종이 머무는 곳에 찾아가니 없었습니다. 어디 갔느냐고 물으니 시장에 장사하러 갔다고 했습니다. 다시 시장에 가서 보니, 이 종이 주인이 맡긴 달란트로 물건을 사서 팔고 있었습니다.

"지금 뭘 하고 있어요?"

"뭘 하다니요? 보다시피 장사하고 있잖아요."

"아, 주인이 맡긴 달란트로 장사를 해야 되는군요."

"당연하죠. 주인이 다섯 달란트를 왜 맡겼겠어요? 이것으로 장사하면 이익을 남길 수 있잖아요. 그러니 빨리 장사를 해야죠. 미안한데 계속 이야기할 시간이 없어요. 나는 장사해야 돼요."

"알겠습니다."

두 달란트 받은 종이 돌아오면서 생각했습니다. '저 종은 항상 주인의 사랑을 입었지. 그래서 주인이 많은 것을 맡겼잖아. 주인은 내가 이 돈으로 장사하길 원하셨구나. 나도 저 사람처럼 장사를 해야겠다.' 두 달란트 받은 종은 주인의 마음을 몰랐지만, 다섯 달란트 받은 종을 보면서 주인이 원하는 것을 배워 자신도 장사하기 시작했습니다. '주인이 장사하길 원하니 내가 장사하면 되겠구나.' 그도 부지런히 장사해 두 달란트를 남겼습니다. 그 종이 주인이 준 두 달란트로 장사해 두 달란트를 남기며 정말 기뻤습니다. '내가 주인이 주신 달란트로 장사해서 두 달란트를 남겼어. 주인이 보면 얼마나 기뻐할까?' 그가 기쁨 가운데 주인이 오기를 기다렸습니다.

**한 달란트 받은 종은 자기 마음으로만 살았다**

한 달란트를 받은 종은 어떻게 했습니까? 이 종은 주인이 준 한 달란트로 무엇을 해야 할지 전혀 알 길이 없었습니다. 종이라면 주인의 마음을 살피며 살아야 하고, 주인이 어떤 마음을 가지고 있는지 조금은 알아야 하는데, 이 사람은 전혀 몰랐습니다. 그동안 주인의 마음을 전혀 살피지 않았기 때문입니다.

제가 잘 아는 젊은 부부가 다투다가 남편이 화가 나서 아내를 때렸습니다. 아내가 남편에게 맞는 것이 너무 속상해서 "왜 때리는데?

이유나 좀 알고 맞자."라고 하자, 남편이 "넌 이유 없이 맞아야 돼." 하며 때렸습니다. 아내가 너무 슬펐습니다. 이유 없이 맞은 것이 너무 분했습니다. 혼자 괴로워하다가 정신병원에 가야 할 상태가 되었습니다.

그 젊은 부인의 어머니가 딸을 데리고 저에게 찾아왔습니다. 제가 잘 아는 사람이어서 편하게 이야기했습니다.

"남편에게 왜 맞았는지 정말 몰라?"

"예, 정말 몰라요."

"내가 가르쳐 줄게. 너는 어떤 일로 남편과 다투면, 네가 말을 잘 하니까 늘 이기잖아. 남편은 자기 생각이 옳을 때에도 늘 지니까 화가 나서 견딜 수 없었어. 네가 만약 남편을 존경했다면, 남편이 화가 난 것을 알고 왜 화가 났는지도 알았을 거야. '아, 이런 것 때문에 속상했구나.' 그런데 너는 늘 남편을 이기고 사니까 남편 마음이 어떤지 살펴야 할 필요가 없어. 남편을 무시하면서 사는 거지. 남편은 그렇게 사는 게 답답하고 괴롭지. 넌 남편이 괴롭든 말든 상관도 안 하고. 생각해 봐. 너는 남편이 왜 화가 났는지, 왜 너를 때렸는지 전혀 모르잖아. 만약 남편을 조금이라도 존중했다면 왜 그랬는지 분명히 알아. 남편 마음을 알면 함부로 하지 못해. 무조건 말로 이기려고 하지 않아.

남편이 화가 나는데 참고 참다가 안 되니까 너를 때린 거야. 물론 때린 것은 잘못이야. 하지만 너도 알아야 할 사실이 있어. 네가 말로 남편을 이길 수 있다고 늘 남편을 무시하고 사는 건 나빠. 네가 남편에게 이유나 알고 맞자고 했을 때 남편이 '넌 이유 없이 맞아야 돼'라고 했지? 말로 하면 또 네가 이기니까, 남편이 한번 이겨보고 싶어서 그런 거야."

젊은 부인이 제가 하는 이야기를 듣고 자신이 정말 남편을 무시하고 산 것을 알았습니다. 정신병원에 가지 않아도 마음의 병이 다 나았습니다.

한 달란트 받은 종은 주인의 마음에는 관심을 두지 않고 자기 마음으로만 살았습니다. 자연히 주인과 마음이 안 맞았습니다. 다른 종들에게 달란트를 많이 주고 자기에는 한 달란트만 준 것도 마음에 들지 않았습니다.

'정말 화가 나. 아무개한테는 다섯 달란트를 주고, 나보다 못난 아무개한테도 두 달란트나 주었으면서 나한테는 한 달란트만 줘? 주인은 자기에게 아부하는 사람에게는 잘해주고, 나처럼 가만히 있는 사람은 홀대해. 이 한 달란트를 어떻게 하지? 에이, 모르겠다. 그냥 어디에다 묻어두었다가 주인이 오면 다시 돌려주자.'

이 종은 주인의 마음을 몰랐고, 주인의 마음을 알려고 하지도 않았습니다.

### 자신이 뛰어나다고 생각했기 때문에

열 처녀 비유에 나오는 미련한 다섯 처녀는 자기 자신에 대해 잘 몰랐고, 한 달란트 받은 종은 주인에 대해 잘 몰랐습니다. 둘 다 자신이 잘났다고 생각했기 때문입니다. 한 달란트 받은 종은 자기가 잘났기 때문에 주인의 마음을 알아야 할 필요를 느끼지 못했습니다. '주인의 마음을 꼭 알아야 돼? 시키는 대로 하면 되지.' 주인의 마음을 살피는 다른 종들을 보면 비굴해 보였습니다. '저 종은 아부나 잘하지. 주인은 저런 인간들을 좋아하고.' 주인이 타국에 가면서 어떤 종은 다섯 달란트, 어떤 종은 두 달란트를 받고 자신은 한 달란트만 받았을 때에도 '그래, 나는 나대로 살면 돼!'라고 생각했습니다.

　다섯 달란트 받은 종과 두 달란트 받은 종과 한 달란트 받은 종은 생각이 달랐습니다. 주인은 그것을 정확히 알았습니다. 그래서 각기 재능에 맞게 달란트를 맡겼습니다. 하지만 한 달란트 받은 종은 자신이 그보다 훨씬 뛰어나다고 생각했기 때문에 다른 종들이 어떻게 하는지 살펴볼 필요를 느끼지 못했습니다. 주인의 마음을 살펴야 할 이유도 없었습니다. 그러니까 다섯 달란트 받은 종과 두 달란트 받은 종은 장사를 하는데, 그는 장사하지 않고 자기가 하고 싶은 대로 했습니다.

　한 달란트 받은 종은 '주인이 왜 나에게 한 달란트를 맡겼지? 이걸로 무얼 하라고 맡긴 거야?' 하고 주인의 마음을 더듬어보지 않았습니다. '나는 종이니까 시키는 대로 하면 돼. 주인이 아무것도 시키지 않고 한 달란트를 맡겼으니까 그냥 두면 돼.' 그렇게 자기 생각대로 했습니다.

**예수님의 마음에는 관심이 없고 자기 생각대로만 사는 사람**
우리가 신앙생활을 다섯 달란트 받은 종처럼 하려면 어떻게 해야 합니까? 예수님의 마음을 알아야 합니다. 우리가 구원받고 예수님과 동행하다 보면 예수님의 마음을 점점 알게 됩니다. 저도 신앙생활을 하면서 예수님의 마음을 점점 알게 되었습니다.

우리가 예수님의 마음을 정확히 알지 못할 때에는 자기 생각을 따라 삽니다. 문제는, 자신이 잘났다고 생각하는 사람은 예수님의 마음에는 관심이 없고 계속 자기 생각대로만 산다는 것입니다. 잘난 사람은 자기 생각을 버리는 것이 굉장히 어렵습니다. 반대로, 아무것도 할 수 없는 사람은 자기 생각을 버리는 것이 아주 쉽습니다. 내가 잘났다는 생각이 들면, 주인의 마음을 살피거나 알아야 할 이유가 없습니다.

다섯 달란트 받은 종은 주인을 존경했습니다. 주인을 기쁘게 하길 원했습니다. 그래서 자기 마음에 주인의 마음을 담으려고 했습니다. 그렇게 지내니 주인의 마음을 점점 깊이 알 수 있었습니다. 그래서 다섯 달란트를 받았을 때 그것으로 바로 장사해서 다섯 달란트를 남길 수 있었습니다.

주인이 돌아왔을 때, 다섯 달란트 남긴 종에게 "잘하였도다, 착하고 충성된 종아." 하며 그를 칭찬했습니다. 두 달란트 남긴 종에게도 똑같이 칭찬했습니다. 한 달란트 받은 종은 땅에 묻어두었던 한 달란트를 그대로 주인에게 주자, 주인이 "악하고 게으른 종아."라고 했습니다. 아무것도 하기 싫으면 은행에 맡겨 이자라도 남겨야 하지 않았느냐고 했습니다.

**악하고 무능해서 주인의 마음을 받아서 살려고 했기에**

마태복음 18장에서 임금님이 일만 달란트 빚진 자를 탕감해 주었습니다. 그런데 그 사람이 자신에게 백 데나리온 빚진 동관을 만나, 그의 목을 잡고 빚을 갚으라고 감옥에 넣었습니다. 임금님이 그 이야기를 전해 듣고 탕감해준 자에게 말했습니다.

"악한 종아, 네가 빌기에 내가 네 빚을 전부 탕감하여 주었거늘, 내가 너를 불쌍히 여김과 같이 너도 네 동관을 불쌍히 여김이 마땅치 아니하냐?"

주인은 일만 달란트를 탕감해 주면서 그 종에게 주인의 마음을 보여 주었습니다. 이 종은 일만 달란트를 손해보면서까지 자신의 빚을 탕감해준 주인의 마음을 마땅히 알아야 했습니다. 주인의 마음을 알았다면, 주인을 존경하며 자신도 주인의 마음으로 살려고 했을 것입니다. 그런데 그에게는 주인을 존경하는 마음이나 주인을 기쁘게 하고 싶은 마음이 전혀 없었습니다. 여전히 자기 마음으로 살았습니다. 그가 주인의 마음을 알았다면, 다섯 달란트를 남긴 종처럼 얼마나 많은 일을 할 수 있었겠습니까? 얼마나 귀하고 복된 일을 하며 살았겠습니까?

우리에게는 다섯 달란트를 받은 종과 같은 마음이 필요합니다. 그런 마음이 없다면, 두 달란트를 받은 종과 같은 지혜가 있어야 합니다. 자신은 어떻게 해야 할지 모르지만 다섯 달란트 받은 종을 따라 할 줄 알아야 합니다.

사람은 다 처음에는 자기 마음대로 삽니다. 하나님의 마음, 예수님의 마음을 살피지 않는 인생을 삽니다. 그렇게 살면서 자신이 얼마나 악하고 더러운 인간인지 알게 됩니다. 얼마나 무능한 인간인지 알게 됩니다. 그 길을 계속 걸으면 망한다는 사실을 정확히 알게 됩니다. 그때 우리를 향한 하나님의 마음, 예수님의 마음을 발견할 수 있습니다. 우리 마음으로는 절대로 선하게 살 수 없습니다. 우리 안에 예수님의 마음이 들어와야 합니다. 예수님의 마음으로 살 때 우리가 복되고 영광스럽게 살 수 있습니다.

자신을 믿지 마십시오. 한 달란트 받은 종은 자기를 믿었습니다. 그래서 주인의 마음에 이를 수 없었습니다. 다섯 달란트 받은 종은 자신이 악하고 무능해서 자기를 믿을 수 없었습니다. 자연히 주인의 마음을 받아서 살려고 했습니다. 그러기 위해 주인의 마음을 살폈고, 주인의 마음을 점점 깊이 알 수 있었습니다. 갈수록 주인의 마음이 귀하고 아름답다는 사실을 느꼈습니다. 그는 날마다 자기 생각을 버리고 주인의 마음을 받아들이며 살았습니다.

그렇게 살다 보니 이 종은 다른 어느 종보다 뛰어난 재능을 갖게 되었습니다. 자연히 주인에게 인정을 받았습니다. 주인은 타국으로 갈 때 그 종에게 다섯 달란트를 맡겼습니다. 자신을 믿지 말고 예수님의 마음을 받아들여서 살아 보십시오. 상상할 수 없는 은혜를 입고, 복된 인생을 살게 될 것입니다.

## 107강

# 양은 오른편에, 염소는 왼편에 두리라

"인자가 자기 영광으로 모든 천사와 함께 올 때에 자기 영광의 보좌에 앉으리니 모든 민족을 그 앞에 모으고 각각 분별하기를 목자가 양과 염소를 분별하는 것같이 하여 양은 그 오른편에, 염소는 왼편에 두리라."(마 25:31~33)

### 자세히 들여다보면 어떤 마음을 가지고 있었는지 이야기한다

예수님께서 말씀하시길, 목자가 양과 염소를 분별하듯이 모든 사람을 구분한다고 하셨습니다.

요한복음을 읽어 보면 전도하는 이야기로 1장이 시작됩니다. 2장에 갈릴리 가나 혼인 잔칫집과 예루살렘 성전이 나옵니다. 두 개의 집은 예수님이 있는 사람의 마음과 예수님이 없는 사람의 마음을 그린 것입니다. 그렇게 요한복음이 흘러가다가 8장에서 간음한 여자가 죄를 사함 받는 이야기가 나오고, 9장에서 눈먼 소경이 눈을 뜨는 이야기가 나옵니다. 그리고 10장에서 예수님이 양에 대해 이야기하십니다. 죄 사함을 받으면 눈이 뜨이고, 예수님의 우리에 있는 양이 됩니다. 요한복음 마지막 장인 21장은 "내 양을 먹이라."라는 이야기로 끝이 납니다. 요한복음은 죄인이 어떻게 죄를 사함 받고 영적인 눈을 떠서 그리스도의 양이 되는지 그 과정을 죽 이야기하고 있습니다.

마태복음에서는 25장 마지막 부분에 양과 염소를 구분하는 이야기가 나옵니다. 먼저 오른편에 둔 양에게 이렇게 이야기합니다.

"내 아버지께 복 받을 자들이여, 나아와 창세로부터 너희를 위하여 예비된 나라를 상속하라. 내가 주릴 때에 너희가 먹을 것을 주었고, 목마를 때에 마시게 하였고, 나그네 되었을 때에 영접하였고, 벗었을 때에 옷을 입혔고, 병들었을 때에 돌아보았고, 옥에 갇혔을 때에 와서 보았느니라."

그러자 오른편에 있는 사람들이 물었습니다.

"주여, 우리가 어느 때에 주의 주리신 것을 보고 공궤하였으며, 목마르신 것을 보고 마시게 하였나이까? 어느 때에 나그네 되신 것을 보고 영접하였으며, 벗으신 것을 보고 옷 입혔나이까? 어느 때에 병드신 것이나 옥에 갇히신 것을 보고 가서 뵈었나이까?"

그때 예수님이 말씀하셨습니다.

"내가 진실로 너희에게 이르노니, 너희가 여기 내 형제 중에 지극히 작은 자 하나에게 한 것이 곧 내게 한 것이니라."

왼편에 둔 염소에게는 이렇게 말했습니다.

"저주를 받은 자들아, 나를 떠나 마귀와 그 사자들을 위하여 예비된 영영한 불에 들어가라. 내가 주릴 때에 너희가 먹을 것을 주지 아니하였고, 목마를 때에 마시게 하지 아니하였고, 나그네 되었을 때에 영접하지 아니하였고, 벗었을 때에 옷 입히지 아니하였고, 병들었을 때와 옥에 갇혔을 때에 돌아보지 아니하였느니라."

그러자 왼편에 있는 자들도 물었습니다.

"주여, 우리가 어느 때에 주의 주리신 것이나 목마르신 것이나 나그네 되신 것이나 벗으신 것이나 병드신 것이나 옥에 갇히신 것을 보고 공양치 아니하더이까?"

그때 예수님이 말씀하셨습니다.

"내가 진실로 너희에게 이르노니, 이 지극히 작은 자 하나에게 하지 아니한 것이 곧 내게 하지 아니한 것이니라."

결론적으로 이야기하면, 양에 속한 사람은 예수님과 마음을 같이한 사람이라고 말할 수 있습니다. 반대로 염소에 속한 사람은 예수님과 다른 마음을 가진 사람이라고 말할 수 있습니다.

멸망을 당하는 사람은 악한 일을 행해서 멸망을 당하고, 구원받는 사람은 선한 일을 많이 해서 구원받는 것이 아닙니다. 멸망을 당하는 사람은 하나님과 다른 마음을 가졌습니다. 구원받은 사람은 하나님의 말씀을 마음에 받아들여서 하나님과 같은 마음을 가졌습니다. 하나님은 우리 마음을 보시는데 사람들은 행위에 많이 치중되어 있습니다.

구약 성경에 도피성의 규례가 있습니다. 도피성은 살인한 사람이 자기에게 원수를 갚으려고 하는 사람을 피해 거하는 성으로, 도피성에 피할 수 있는 자격은 '고의로 죽였느냐, 의도 없이 우연히 죽였느냐'로 결정됩니다. 산에서 나무를 하다가 도끼날이 자루에서 빠져 옆에 있던 사람이 맞아 죽으면, 죽일 의도가 전혀 없습니다. 이런 사람은 도피성에 피할 수 있었습니다. 사람은 마음을 보지 못하기 때문에 행동을 보지만, 행동을 정확히 따져들어가면 그 속에서 마음을 발견할 수 있습니다. 도피성의 규례는 마음을 나누는 것입니다.

예수님이 마지막 심판 때 양과 염소를 나누는데, 표면적으로 보면 무엇을 행한 것으로 구분하는 것 같습니다. 그런데 자세히 들여다보면 어떤 마음을 가지고 있었는지를 이야기합니다. 예수님의 마음을 가지면 지극히 작은 자에게도 똑같이 행한다는 것입니다. 반대로 예수님의 마음이 없기 때문에 지극히 작은 자들을 마음으로 위하지 못했다는 것입니다.

**믿음을 갖기 전에 육신에서 돌아서야**

신앙은 '회개'와 '믿음' 두 가지로 이루어집니다. 신앙의 출발은 나 자신을 발견하는 것입니다. 냉정하게 자신을 발견해서, 내가 보는 나와 성경이 말하는 내가 같아야 합니다. 성경은 사람 속에 선한 것이 전혀 없고 악뿐이라고 이야기합니다. 그런데 사탄은 자꾸 속여서 우리 안에 선하고 아름다운 것도 있다고 이야기합니다. 사탄의 음성을 받아들인 사람들이 자신에게 선한 것이 있다고 생각해 자꾸 자신이 선을 행하려고 합니다. 그러나 냉정하게 보면 우리 안에 선이 없다는 사실을 발견하게 됩니다. 자신이 악할 뿐이라는 사실을 알게 됩니다.

우리가 신앙의 세계로 깊이 들어가려고 하면 '나'라는 존재에 부덮힙니다. 다시 말해, 우리 육신이 항상 하나님을 거스르고 대적합니다. 우리 안에서 하나님을 향하여 마음이 일어나 달려가려고 할 때마다 다른 생각이 일어나서 그것을 가로막고, 육신의 정욕과 쾌락 쪽으로 끌고 가는 것을 느낍니다. 그래서 육신을 세우고 육신을 사랑하면서 하나님을 섬길 수 없다는 사실을 분명히 깨닫게 됩니다.

신앙생활을 대충 할 때에는 기도하면서 선을 행하고 율법을 지키면 될 줄 알지만, 깊이 들어가 보면 육신의 소욕을 놔두고는 신앙이 안 된다는 사실을 정확히 알게 됩니다. 육신의 소욕이 있는 동안에는 어두움에서 벗어나지 못합니다. 그래서 사도 바울은 **"오호라, 나는 곤고한 사람이로다. 이 사망의 몸에서 누가 나를 건져내랴!"**(롬 7:24)라고 탄식했습니다. 바울은 '사망의 몸'이라고 했습니다. 육신에서 일어나는 생각들이 자신을 사망으로 끌고 가기 때문입니다. 바울이 선을 행하려고 했지만 오히려 악을 행하는 자신을 보았습니다. **"내가 원하는 바 선은 하지 아니하고 도리어 원치 아니하는 바 악은 행하는도다."**(롬 7:19)

마음이 거기 도달하면, 올바른 신앙생활을 하려면 육신을 제거해야 한다는 사실을 깨닫습니다. 그런데 육신이 어떤 존재인지 알지 못하는 사람은 자신이 선을 행하려고 하면 행할 수 있을 줄로 생각합니다. 말라리아나 장티푸스 같은 병에 걸렸으면, 운동을 해야 하는 것이 아니라 병균부터 죽여야 합니다. 그렇지 않으면 병균이 우리 몸을 점령해서 죽을 수밖에 없습니다. 그것처럼 우리가 믿음을 갖기 전에 자신의 육신을 제거하는 것이 필요합니다. 이처럼 자기 육신에서 돌아서는 것을 '회개'라고 합니다.

**예수님이 말씀하신 내용을 행한다고 양이 되는 것이 아니다**

사람들이 마태복음 25장에서, 예수님이 양과 염소를 구분한 뒤 오른편에 있는 사람들에게 한 이야기를 읽습니다.

"내가 주릴 때에 너희가 먹을 것을 주었고, 목마를 때에 마시게 하였고, 나그네 되었을 때에 영접하였고, 벗었을 때에 옷을 입혔고, 병들었을 때에 돌아보았고, 옥에 갇혔을 때에 와서 보았느니라."

천국에 가려고 이대로 행하려고 합니다. 그런데 행하려고 할 때마다 육신의 소욕이 가로막습니다. 그래서 결국 하지 못합니다.

예수님이 말씀하신 내용을 행한다고 양이 되는 것이 아닙니다. 예수님의 마음을 가져야 이렇게 행할 수 있습니다. 양은 예수님의 마음을 가진 사람이고, 염소는 사탄의 마음을 가진 사람을 말합니다. 우리 안에 사탄의 마음이 있을 때 먼저 그 마음에서 돌아서야 합니다. 그리고 예수님의 마음을 받아들여야 합니다.

예수님의 마음을 가진 사람들은 나그네를 영접합니다. 목마른 것을 보고 마실 것을, 주린 것을 보고 음식을 주지 않을 수 없습니다. 반대로 예수님의 마음이 아닌 육신의 마음을 가진 사람들은, 남이야 어렵든 말든 나만 잘살면 된다는 마음을 가지고 있습니다.

육신의 마음을 가지고 불쌍한 사람을 도울 수 있습니다. 그러나 중심에 자신의 욕구를 따라 살고 싶은 마음이 있기 때문에 얼마 지나지 않아 남을 위해 사는 것이 불편하게 느껴집니다. 우리 마음으로 남을 위할 수 있지만 온전히 위하지는 못합니다. 예수님의 마음을 가질 때라야 그렇게 할 수 있습니다.

주린 사람에게 먹을 것을 주고 목마른 사람에게 마실 것을 주며 나그네를 영접해서 영생을 얻는 것이 아닙니다. 영생을 얻는 것은 '예수님의 마음을 가졌느냐, 사탄의 마음을 가졌느냐'로 결정됩니다. 예수님의 마음을 갖지 않고도 어느 정도 선을 행할 수 있습니다. 사탄의 마음을 갖고도 어느 정도 악을 행하지 않을 수 있습니다. 그러나 결국에는 마음이 드러납니다.

**예수님의 마음을 품지 않고는 절대로…**

누가복음 10장에 '강도 만난 자' 이야기가 나옵니다. 어떤 사람이 예루살렘에서 여리고로 내려가다가 강도를 만났습니다. 강도들이 그의 옷을 벗기고 때려 거반 죽은 것을 버리고 갔습니다. 그 길로 제사장이 지나가고, 레위인도 지나갔습니다. 그런데 그들은 강도 만나 죽어가는 자를 구해준 것이 아니라 피해서 갔습니다. 선한 사마리아인은 그를 보고 가까이 가서 구해 주었습니다.

　제사장이나 레위인이 길을 가다가, 어떤 사람이 죽을 만큼 맞고 옷이 벗겨진 채로 쓰러져 있는 것을 보았습니다. 어떤 생각이 들었겠습니까? '이 근처에 강도가 있구나! 잘못하면 나도 강도들에게 걸려서 이 꼴이 되겠구나. 빨리 피하자!' 그들은 강도 만난 자의 생명보다 자신의 생명이 더 귀했습니다. 그래서 얼른 피해서 지나갔습니다.

　선한 사마리아인은 달랐습니다. 자신도 강도를 만날 가능성이 있다는 사실을 알았지만, 강도 만난 자를 구했습니다. 자신이 죽더라도 그를 살리겠다는 마음을 가졌기 때문입니다. 자기 생명도 귀하지만 강도 만난 자의 생명도 귀했습니다. 자기 생명을 잃는다 해도 강도 만난 자를 구하려고 한 선한 사마리아인은 예수님을 가리킵니다.

사람은 죽어가는 더러운 죄인보다 자신이 더 귀합니다. 자신을 죽여가면서까지 더러운 죄인을 살리려고 하는 사람은 없습니다. 더러운 죄인을 위하여, 악한 인간을 위하여 생명을 내놓을 수 있는 분은 예수 그리스도밖에 없습니다. 율법에, 이웃을 내 몸처럼 사랑하라고 했습니다. 그렇다면 강도 만난 자의 생명을 내 생명처럼 여겨야 합니다. 제사장이나 레위인은 그렇게 못 합니다. 강도 만난 자의 생명을 자기 생명처럼 여길 수 있는 사람은 선한 사마리아인뿐입니다.

우리 마음으로는 이웃을 사랑하지 못합니다. 예수님의 마음이어야 이웃을 사랑합니다. 우리 안에 예수님의 마음을 받아들일 때, 주린 사람에게 먹을 것을 주고 목마른 사람에게 마실 것을 주며 나그네를 영접합니다. 벗은 사람에게 옷을 입히고 병든 사람을 돌아보며 옥에 갇힌 사람을 찾아갑니다. 우리가 이렇게 한 것이 아니라 예수님의 마음으로 한 것입니다.

빌립보에서 뭐라고 말합니까? **"너희 안에 이 마음을 품으라. 곧 그리스도 예수의 마음이니"**(빌 2:5) 우리 안에 예수님의 마음을 품으라고 했습니다. 예수님의 마음을 품지 않고는 절대로 선한 일을 할 수 없습니다. 예수님의 마음을 가져야 이웃을 내 몸처럼 사랑하지, 우리 마음으로는 절대로 그렇게 할 수 없다는 사실을 성경이 이야기해주고 있습니다.

성경은 우리가 어떻게 행했는지 이야기하는 것 같지만, 마음을 이야기하고 있습니다. 예수님의 마음을 가진 사람이라야 이웃을 사랑하며, 그 사람이 천국을 유업으로 받습니다.

## 108강

# 대제사장들과 장로들이 '명절에는 말자' 하더라

"예수께서 이 말씀을 다 마치시고 제자들에게 이르시되 '너희의 아는 바와 같이 이틀을 지나면 유월절이라. 인자가 십자가에 못박히기 위하여 팔리우리라' 하시더라. 그때에 대제사장들과 백성의 장로들이 가야바라 하는 대제사장의 아문에 모여 예수를 궤계로 잡아 죽이려고 의논하되, 말하기를 '민요가 날까 하노니 명절에는 말자' 하더라."
(마 26:1~5)

### 예수님은 유월절 절기 중에 죽기로 결정되어 있었다

예수님이 열 처녀 비유, 달란트 비유, 양과 염소의 비유를 말씀하신 뒤, 제자들에게 십자가에 못박히실 것을 이야기하셨습니다. 같은 시간에 대제사장들과 장로들이 모여서 예수님을 잡아죽이려고 의논했습니다. 이 이야기를 보면 재미있는 것이, 예수님은 '십자가에 못박히기 위해 팔린다'고 하셨고, 대제사장들과 장로들은 유월절 기간에는 예수님을 죽이지 말자고 했습니다.

이틀 후면 유월절이었습니다. 예수님은 하나님의 어린양이기 때문에 유월절 절기 중에 잡혀서 십자가에 못박혀 죽으실 것을 제자들에게 말씀하셨습니다. 같은 시간에 대제사장들과 장로들은 유월절 기간에는 사람들이 많이 모이기 때문에, 그때 예수님을 잡아죽이면 많은 사람들이 소요를 일으킬지 모르니 명절 기간은 피하자고 의논했습니다. 우리가 알아야 하는 사실은, 예수님은 유월절 절기 중에 죽기로 결정되어 있었습니다.

이스라엘 백성이 지키는 절기들이 있었습니다. 유월절, 초곡절, 오순절, 나팔절, 초막절, 이렇게 다섯 개의 절기입니다. 이 절기들은 예수 그리스도를 나타냅니다.

유월절은, 이스라엘 백성이 애굽에서 나올 때 어린 양을 잡아 그 피를 문설주와 인방에 발라서 장자를 멸하는 심판이 넘어간 것을 기념하는 절기입니다. 예수 그리스도가 십자가에 못박혀 죽으심으로 우리가 구원받는 것을 나타냅니다.

초곡절은 첫 열매를 드리는 절기로, 처음 익은 곡식을 흔들어서 하나님께 제사로 드렸습니다. 초곡절은 예수님이 부활의 첫 열매가 되시는 것을 나타냅니다.

초곡절부터 7주가 지난 다음날, 즉 50일째 되는 날이 오순절입니다. 예수님이 십자가에 못박혀 죽으신 뒤 부활하셨고, 40일을 계시다가 승천하셨습니다. 그리고 며칠 뒤 오순절에 제자들에게 성령이 내려왔습니다. 오순절은 성령이 강림한 날을 나타냅니다.

나팔절은 예수님의 재림을 나타냅니다. 예수님이 재림하실 때, 천사장의 나팔 소리와 함께 공중에 임하신다고 성경에서 이야기했습니다.

초막절은, 우리가 영원한 처소에서 예수님과 함께 거하는 것을 나타냅니다.

이처럼 이스라엘 백성들이 지킨 5대 절기는 예수님이 이루실 일들을 우리에게 이야기해 줍니다. 이 절기들 중에서 예수님은 반드시 유월절 기간에 죽어야 했습니다. 그래서 예수님은 유월절 이틀 전에 제자들에게 당신이 십자가에 못박히기 위해 팔릴 것이라고 말씀하셨습니다. 그런데 대제사장들과 장로들은 유월절에는 민요가 일어날 수 있으니 예수님을 죽이지 말자고 의논했습니다.

**사람들이 어떻게 해도 하나님의 뜻을 가로막을 수는 없다**

세상에 많은 계획이 있고, 결정이 있습니다. 그러나 결국 하나님의 뜻대로 이루어지는 것을 봅니다. 제가 복음을 전하면서 어려운 일도 많았고, 우리를 비난하고 대적하고 핍박하는 사람도 많았습니다. 제가 예수님 안에서 수십 년을 살면서 확실히 경험한 것은, 어떤 사람들이 저를 가로막는 것 같지만 하나님께서 저를 통해서 이루려고 뜻하신 일이 그대로 이루어진다는 것입니다. 하나님의 뜻은 절대로 변하지 않습니다.

전에는 제가 '저 사람 때문에 우리가 집회를 못 하게 되었어', '저 사람이 우리가 전도하는 것을 막아', '저 사람 때문에 우리 형제들이 시험에 들었어' 등등의 생각을 했습니다. 그러나 사람들이 어떻게 해도 하나님의 뜻을 바꾸거나 가로막을 수는 없습니다. 제가 복음을 위해 살면서 모든 일이 하나님의 뜻 안에서 이루어진다는 사실을 알았습니다. 어떤 사람이 방해해서 어려운 것 같지만 하나님의 뜻을 막지는 못한다는 사실을 분명히 안 뒤로는, 제 생각이 달라졌습니다.

로마서 8장에서 이렇게 말했습니다.

"그런즉 이 일에 대하여 우리가 무슨 말 하리요? 만일 하나님이 우리를 위하시면 누가 우리를 대적하리요?"(롬 8:31)

다른 성경에서는 이렇게 말했습니다.

"내가 또 다윗 집의 열쇠를 그의 어깨에 두리니, 그가 열면 닫을 자가 없겠고 닫으면 열 자가 없으리라."(사 22:22)

"볼지어다. 내가 네 앞에 열린 문을 두었으되 능히 닫을 사람이 없으리라…."(계 3:8)

저는 복음을 전하면서 많은 시련을 겪었고 어려움을 당했습니다. '복음을 전하며 살려는 내 인생이 여기서 끝나는구나…'라고 생각했을 때도 몇 번 있었습니다. 너무 슬프고 마음이 한없이 아팠습니다. 그런데 하나님께서 내가 생각지 못했던 길을 여시는 것을 보았습니다. 전도할 힘, 말씀을 전할 힘을 잃을 때가 있었습니다. '전도하면 뭐하고, 말씀을 전하면 뭐해? 사람들이 구원받지도 않고, 구원받아도 신앙생활을 제대로 하지도 않을 텐데….' 그럴 때면 속에서 다른 생각이 올라왔습니다.

'네가 지금 복음을 전할 수 없냐?'

'지금은 전할 수 있지. 하지만 전한다고 달라질 것은 없어.'

'아니, 지금 복음을 전할 수 있으면 할 수 있을 때까지만 해봐. 전할 수 없어서 그만두는 것은 하나님이 책임지실 일이지만, 전할 수 있는데도 전하지 않는 것은 네 문제야.'

'그래, 달라지는 것이 없어도 복음을 전할 수 있는 데까지 전하자.'

그렇게 복음을 전했습니다. 그러다 보면 많은 문제들이 하나 둘 풀렸습니다. 하나님이 길을 여시는 것을 볼 수 있었습니다.

**둘러보면 하나님의 뜻이 이루어질 것 같지 않을 때가 있지만**

예수님이 제자들에게 말씀하셨습니다.

"너희의 아는 바와 같이 이틀을 지나면 유월절이라. 인자가 십자가에 못박히기 위하여 팔리우리라."

제사장들과 장로들은 예수님과 정반대로 이야기했습니다.

"백성들이 소요를 일으킬 수 있으니 명절에는 예수를 잡아죽이지 말자."

그들은 명절 기간에는 예수님을 사로잡거나 죽이려고 하지 않았습니다. 그러나 그들의 뜻과 상관없이 예수님은 잡히시고 십자가에 못박혀 죽으셨습니다.

세상에 어떤 일이 일어나도 하나님이 말씀하신 그대로 이루어집니다. 이스라엘이 로마에 의해 멸망당하고 2천 년 가까이 흘렀기 때문에 나라를 다시 세운다는 것은 불가능해 보였습니다. 그러나 하나님이 그렇게 말씀하셨기 때문에 그대로 이루어졌습니다.

우리 삶 속에서도 하나님의 뜻대로 되지 않을 것 같은 마음이 들

때가 많습니다. 주위를 둘러보면 절대로 하나님의 뜻이 이루어질 것 같지 않을 때가 있습니다. 그러나 결국 하나님의 뜻대로 이루어지는 것을 저는 정말 많이 경험했습니다. 하나님의 말씀이 옳습니까, 우리 생각이 옳습니까? 사탄은 우리 마음에 하나님의 말씀대로 되지 않을 것 같은 생각을 계속 집어넣습니다. 제가 복음을 위해 어떤 일을 할 때마다 그런 생각을 넣었습니다.

한번은 제 아들과 함께 차를 타고 가는데 아들이 저에게 이렇게 말했습니다.

"아버지, 우리가 OO대학교에서 집회를 하려고 하는데 사람들이 심하게 반대합니다. 포스터를 붙이면 떼버리고, 왜 우리가 집회를 하게 허락했느냐고 학교 측에 항의하기도 하고요."

아들이 그 대학교에서 집회를 갖는 것이 거의 불가능한 것처럼 이야기했습니다. 제가 아들에게 말했습니다.

"영국아, 내 이야기 들어봐. 내가 복음을 위해 일하는 동안 평탄하게 해본 적이 한 번도 없었어. 늘 어려워서 안 될 것 같고, 실패할 것 같았어. 잘될 것 같아서 시작한 적은 거의 없었어. 내가 복음을 전하면 별별 방법으로 방해하는 일이 많았어. 그래도 그 일을 계속했을 때 해내지 못한 적이 한 번도 없었어. 원래 하나님의 일에는 사탄이 많이 역사하는 거야. 사탄이 왜 역사하는지 알아? 하나님의 역사가 일어날 것 같으니까 방해하는 거지. 우리가 일해도 하나님의 역사가 일어나지 않고 구원받는 사람도 일어나지 않으면 사탄이 역사할 이유가 없어."

그날 아들이 마음을 새롭게 가졌습니다. '내가 볼 때 어렵고, 내가 볼 때 안 될 것 같지, 하나님이 도우시면 되는구나.' 결국 아들이 그 학교에서 집회를 가졌습니다. 아주 많은 사람들이 와서 말씀을 듣고 구원을 받고, 마음에 변화를 받았습니다. 그 일을 통해 아들이 하나 배웠습니다.

'우리가 하나님의 일을 할 때마다 사탄이 역사해. 중요한 것은, 하나님은 사탄보다 힘이 크고 세신 분이야. 하나님이 역사하실 때 사탄이 역사하지 않은 적이 없어. 그러나 결국은 하나님이 이기시기 때문에 많은 어려움이 있지만 하나님의 뜻이 이루어져.'

그 후로 아들이 복음을 위해 일하는 동안 어려움과 방해가 많았지만 담대하게 달려갔습니다. 그때마다 하나님이 도우셔서 아들이 큰 힘을 얻는 것을 보았습니다.

그라시아스합창단이 해마다 미국에 있는 수십 개의 도시에서 크리스마스 칸타타 순회공연을 가졌습니다. 어떤 공연장은 만 명이 들어갈 수 있을 만큼 큰 장소여서 관객이 그만큼 오는 것이 불가능해 보였지만, 공연 때마다 시민들이 자리를 꽉 채우는 것을 보았습니다. 사람들이 예수님의 탄생을 마음에 다시 새기며 성탄 메시지를 듣고 구원받는 역사가 일어나는 것을 보았습니다.

복음을 전하는 것은 어마어마하게 크고 놀라운 일입니다. 사탄에게 사로잡혀서 멸망의 길로 가고 있는 사람을 영원한 천국으로 인도하는 것이 왜 복된 일이 아니겠습니까! 그러니 우리가 이런 일을 할 때마다 사탄이 역사하지 않을 수 없습니다. 하나님이 역사하실 때 사탄이 역사하지 않을 때가 없고, 사탄이 역사할 때 하나님이 역사하시지 않을 때가 없습니다. 그런데 하나님이 사탄보다 크시기 때문에 항상 하나님이 승리하십니다.

미국에서 한 선교사가 생전 가보지 않은 낯선 도시로 한 달 동안 무전전도여행을 떠났습니다. 그 선교사가 한 달 동안 늘 '오늘은 어디서 자고, 어디서 먹지?' 걱정했다고 합니다. 한 달이 다 되어갈 즈음 문득 이런 생각이 들었답니다.

'그동안 하나님이 나에게 계속 잠자리를 주셨고 먹을 것을 주셨는데, 왜 아침이 되면 오늘은 하나님이 나에게 역사하시지 않을 것 같은 생각이 늘 들지?

좀 더 깊게 생각해 보았습니다.

'도대체 이 생각의 출처가 어디지? 누가 이 생각을 갖게 하지? 매일 하나님이 역사하셨는데 오늘은 하나님이 역사하시지 않을 것 같은 생각을 하게 하는 이놈은 누구야? 내가 이 생각을 따라가서는 안 되겠다. 하나님은 매일 나에게 음식을 주시고 잠자리를 주시고, 복음 전할 사람을 만나게 하셨어. 하나님은 우리 가운데 살아 계셔. 내가 이것을 따라가야겠다.'

그 선교사가 전도여행을 다녀와서 마음에 큰 힘을 얻고 소망을 얻었습니다.

### 그 역사는 하나님이 창세기부터 말씀하신 것이었다

십자가에 못박혀 죽고 사흘 만에 부활하셔서 우리를 구원하시는 것이 예수님의 일이었습니다. 대제사장들과 장로들이 명절에는 예수님을 죽이지 말자고 했을 때, 예수님이 그 이야기를 들으셨으면 '아, 이번에는 안 죽을 수도 있겠구나'라고 생각하셨겠습니까? 채찍에 맞고 가시관을 쓰고 십자가에 못박히는 것이 고통스럽다는 것을 아시지만, 그 길을 가시는 데에는 변함이 없었습니다. 그것이 인류를 죄에서 구원하는 길이었기 때문입니다.

　대제사장들과 장로들이 어떻게 계획했든지 간에, 예수님은 유월절 기간에 십자가에 못박혀 죽으셨고 사흘 뒤 부활하셨습니다. 그 역사는 하나님이 창세기부터 말씀하신 것이었습니다. 예수님이 십자가에 못박혀 죽으심으로 말미암아 우리가 받아야 할 저주가 끝이 났습니다. 멸망이 끝이 나고, 심판이 끝이 났습니다. 우리가 받아야 할 모든 심판을 예수님이 십자가에서 끝내셨습니다. 우리가 지은 모든 죄의 형벌을 예수님이 십자가에서 다 받으셨습니다.

　교회마다 십자가가 높이 달려 있습니다. 우리가 십자가를 바라보아야 하기 때문입니다. '저 십자가에서 네 죄가 다 씻어졌어. 예수님이 저주를 받아 네가 받아야 할 저주가 끝이 났어.' 성경은 우리에게 이 사실을 말해 줍니다. 십자가를 잘 만들었거나 모양이 예뻐서가 아니라, 거기서 우리 죄의 심판이 끝났기 때문에 우리가 십자가를 바라봅니다.

## 109강

# 향유 한 옥합을
# 예수의 머리에 부으니

"예수께서 베다니 문둥이 시몬의 집에 계실 때에 한 여자가 매우 귀한 향유 한 옥합을 가지고 나아와서 식사하시는 예수의 머리에 부으니" (마 26:6~7)

### 그날 밤 그곳은 나환자촌이 아니었다

예수님께서 베다니 문둥이 시몬의 집에 가셨습니다. 저는 이 말씀을 읽을 때면 기억나는 일이 있습니다. 1980년에 제가 대구에 살고 있었습니다. 그때 하루는 나환자 교회의 목사님이 저에게 "목사님, 우리 교회에 와서 집회를 해주십시오."라고 부탁했습니다. 제가 가겠다고 약속했습니다.

하루하루 집회 날짜가 가까워지는데 어느 날 제 마음에 걱정이 생겼습니다. '나환자촌에 가면 밥은 어떻게 먹을까? 같이 먹자고 할까, 따로 먹으라고 할까? 잠은 어떻게 잘까? 같이 자자고 할까, 따로 잘까?' 나환자촌에 갔다가 나도 나병에 걸릴까봐 걱정이 되었습니다.

집회를 3일쯤 앞두고 이른 새벽에 잠이 깼습니다. 혼자 아무도 없는 예배당에 가서 무릎을 꿇고 기도했습니다. "하나님, 제가 나환자촌에 집회를 인도하러 가는데…." 기도하던 중에 **"예수께서 베다니 문둥이 시몬의 집에 계실 때에"** 라는 말씀이 떠올랐습니다.

성경에 보면, 나환자들은 마을이나 성안에서 살 수 없었습니다. 마을에서 떨어진 문둥이 계곡에 가서 지냈습니다. 문둥병에 걸리고도 성에 거할 수 있는 사람이 있었습니다. 레위기에 보면, 문둥병이 머리끝부터 발끝까지 온몸에 발한 사람은 정하다고 했습니다. 그는 성안에 거할 수 있었습니다. 베다니에 살던 문둥이 시몬이 성안에 지낸 것을 보면, 그가 전신 문둥병자였음을 알 수 있습니다. 예수님이 그 집에 가셨습니다.

'예수님께서 문둥이 시몬의 집에 들어가셨구나. 예수님처럼 존귀한 분이 그렇게 하셨는데 나같이 못나고 보잘것없는 자가 나환자촌에 가는 것을 주저할까?' 생각이 좀 더 이어졌습니다. '나환자가 따로 있는 게 아냐. 나도 나병에 걸리면 나환자가 되는 거야.' 그때까지 나환자촌에 가는 것이 굉장히 부담스러웠는데 그 순간 부담이 다 사라졌습니다.

1980년 12월이라고 기억되는데, 날씨가 굉장히 추웠습니다. 첫날 집회를 마치고, 어떻게 죄를 사함 받는지 더 이야기하고 싶었습니다. 그런데 예배당이 너무 추워서 "이야기를 더 듣고 싶은 사람은 제가 지내는 방으로 오십시오."라고 했습니다. 별로 크지 않은 방에 40여 명이 와서 서로 몸이 부딪힐 정도로 붙어 앉았습니다. 제가 밤 1시까지 복음을 전했습니다. 예수님의 피가 우리 죄를 씻은 이야기를 했습니다. 그 방에 있는 사람들이 밤 1시가 되어 모두 새 사람으로 변했습니다.

잊을 수 없는 밤이었습니다. 한 사람 한 사람 돌아가면서 간증하기 시작했습니다. 어떻게 문둥병에 걸렸고, 어떻게 가족과 이별했으며, 죄 때문에 얼마나 고통했는지 이야기했습니다. 그리고 '오늘 밤 하나님의 은혜로 그 많던 죄가 다 씻어져서 말할 수 없이 감사하다'고 했습니다. 그날 밤 그곳은 나환자촌이 아니었습니다. 성령이 충만한, 하나님의 놀라운 은혜가 넘치는 아름다운 자리였습니다.

**고약한 냄새가 나던 집에 향유 냄새가 가득했다**

예수님이 베다니 문둥이 시몬의 집에 계셨습니다. 시몬의 몸에서 나는 좋지 않은 냄새가 그 집에 배어 있었을 것입니다. 그런데 어떤 여자가 귀한 향유가 담긴 옥합을 가지고 와서 식사하시는 예수님의 머리에 부었습니다. 집안에 향유 냄새가 가득했습니다. 사람들이 가기를 꺼리는 문둥이 시몬의 집에 예수님이 가시자, 역겨운 냄새가 나던 집에 향유 냄새가 가득했습니다.

제가 나환자촌에 가서 집회를 할 때에도 내 안에 계신 예수님이 함께 가셨습니다. 그날 밤 구원받은 분들 가운데 그 교회의 장로님과 아들이 있었습니다. 청년인 아들이 간증했습니다. "제가 장로 아들이지만 마음이 괴로워서 아버지 몰래 술도 마시고 담배도 피웠습니다. 그렇게 하면 마음이 채워질 줄 알았는데 그렇지 않았습니다. 그런데 오늘 죄가 다 씻어져서 너무 감사합니다." 장로님이 아들 이야기를 듣고 깜짝 놀랐지만, "오늘은 기쁜 날이니까 다 용서한다." 하며 웃었습니다.

장로님은 닭을 6천 마리 정도 기르며 닭이 낳는 달걀을 팔아서 살았습니다. 하루는 장로님이 아내에게 말했습니다. "여보, 지금 키우는 닭 절반만 있어도 우리가 얼마든지 먹고살 수 있다." 그날, 키우던 닭의 반을 팔았습니다. 그 돈을 가방에 넣고 이웃 나환자촌 교회의 장로님을 찾아갔습니다.

"아니, 어쩐 일인가?"

"오랜만에 친구 보러 왔지."

앉아서 이야기했습니다.

"이번에 우리 교회에서 집회를 했는데 얼마나 은혜로웠는지 몰라. 우리 교회 성도들이 대부분 죄 사함을 받았어. 교회가 너무 좋아졌어. 자네 교회에서도 집회를 하게. 내가 우리 교회에 오신 강사 목사님을 소개해 줄게."

"집회를 하고 싶지만 돈이 많이 들어서 어려워."

"내가 그럴 줄 알고 돈을 가지고 왔어."

장로님이 가방에서 돈을 꺼내 세었습니다. 한 움큼 되는 돈을 친구 장로님에게 주면서 말했습니다.

"이 정도면 충분하지?"

장로님이 나환자촌 교회마다 찾아다니며 그렇게 했습니다. 그해

겨울에 제가 일곱 개 나환자촌 교회에 가서 집회를 하며 복음을 전해서 수많은 나환자가 구원을 받았습니다. 죄에 얽매여 살던 사람들이 죄 사함을 받고 즐거워하고, 온 교회가 기쁨에 젖었습니다. 그 장로님 마음에 예수님이 들어가신 뒤 전에는 생각지 못했던 삶이 시작되었습니다. 복음을 전하는 일에 자신을 드리는 장로님의 모습이 너무 아름다웠습니다.

나환자촌 교회에서 집회를 한 뒤로는 틈만 나면 나환자촌에 갔습니다. 그곳엔 닭이 많아서 제가 가면 닭을 잡아 주었습니다. 우리가 함께 음식을 먹으면서 정말 즐거웠습니다. 예수님이 저에게도 새 마음을 주셨고, 나환자들에게도 새 삶을 주셨습니다.

우리 안에 예수 그리스도가 오시면 누구든지 변할 수밖에 없습니다. 나환자촌에서 만났던 사람들이 죄를 사함 받고 기뻐하고 즐거워하던 모습을 잊을 수 없습니다. 비록 몸은 병들었지만 한없이 밝은 얼굴로 웃는 모습을 보며 얼마나 감사했는지 모릅니다. 저는 생각해 봅니다. '저 사람 마음에 있던 슬픔을, 아픔을, 고통을, 절망을 누가 몰아냈지? 누가 저 마음에 기쁨을 주고 소망을 줄 수 있지?' 예수 그리스도밖에 없습니다. 예수님이 들어가시면 고약한 냄새가 나던 집에 향유 냄새가 가득해집니다.

**육신이 깨트려지기 전에는 그리스도의 향기가 나지 않는다**
예수님이 베다니 문둥이 시몬의 집에서 식사하실 때, 한 여자가 옥합에 담긴 매우 귀한 향유를 예수님의 머리에 부었습니다. 요즘은 향유를 병에 담아두었다가 뚜껑을 열어서 사용하지만, 옛날에는 옥합에 향유를 넣은 뒤 봉했습니다. 그러니까 향유를 사용하기 위해서는 옥합을 깨트려야 했습니다.

성경에는 이런 이야기가 종종 나옵니다. 사사기에 보면 기드온과 그를 따르던 300명이 미디안 군사들을 치러 갈 때 항아리 안에 횃불을 감추었습니다. 그들이 밤중에 미디안 진에 가까이 가서 나팔을 불며 항아리를 깨트리자 밝은 횃불이 드러났습니다. 미디안 군사들은 수많은 이스라엘 군사들이 쳐들어온 줄 알고 우왕좌왕하며 서로 죽이고 하여 전쟁에서 쉽게 승리했습니다. 기드온 이야기에서는 항아리가 깨지면서 밝은 빛이 드러났고, 여기에서는 옥합이 깨지면서 향유가 향기를 발했습니다.

구원받은 사람 안에는 예수 그리스도가 계십니다. 예수님은 매우 귀한 향유이십니다. 그 귀한 향유가 육신이라는 그릇 안에 담겨 있습니다. 그래서 우리 육신이 깨트려지기 전에는 향기가 나지 않습니다. 우리가 신앙생활을 하다 보면, 하나님을 섬기려고 할 때마다 육신이 가로막는 것을 느낍니다. 그 사실을 알고 자신의 육신을 깨트리면 아주 귀한 향기가 납니다.

성도가 자기 육신을 쉽게 깨트리지 못하는 이유는 육신을 너무 사랑하기 때문입니다. 많은 성도가 어떻게든 자기 육신을 위해주려고 합니다. 먹고, 자고, 쉬고, 즐기려고 합니다. 그 육신 안에는 아주 귀한 향유가 들어 있습니다. 그런데 육신이 덮고 있는 동안에는 향유가 향기를 발하지 못합니다. 여자는 향유를 예수님 머리에 붓기 위해 옥합을 깨트렸습니다. 우리 안에는 귀하고 아름다운 예수님이 계십니다. 죄 사함 받을 때 우리 안에 예수님이 들어오셨습니다. 그러나 육신이 가로막으면 예수님의 향기가 나지 않습니다.

로마서 8장에서는 이렇게 말했습니다.

"육신을 좇는 자는 육신의 일을, 영을 좇는 자는 영의 일을 생각하나니, 육신의 생각은 사망이요 영의 생각은 생명과 평안이니라."(롬 8:5~6)

육신을 좇아 육신의 생각을 하고 살면 그 마지막이 사망입니다. 누구든지 육신을 따라 산 모든 것이 추하고 더럽고 악할 뿐인 것을 발견하면 육신을 깨트리기가 쉽습니다. 육신을 깨트리고 육신을 부인하기 시작하면, 놀랍게도 우리 안에 예수님이 가득 찹니다. 우리가 선하게 살려고 하지 않아도 우리 안에 계신 예수님으로 말미암아 향유 향기가 날 수밖에 없습니다.

## 자매님은 자신을 깨트리고 예수님을 위해 살려고 했다

제가 구원받은 뒤 저를 통해서 구원받는 사람이 생기기를 굉장히 사모했지만, 구원받는 사람이 아무도 없었습니다. 선교학교에서 훈련을 받고 압곡동이라는 산골 마을에서 지내던 어느 날, 제가 살던 집 주인 아주머니의 친구 분이 물건을 팔러 왔습니다. 그날 그 부인에게 복음을 전했습니다. 2시간쯤 지났을 때 그 부인이 죄 사함을 받고 너무 기뻐했습니다. 그날부터 그분의 삶이 변하기 시작했습니다. 하루 종일 머리에 무거운 건어물을 이고 다니며 판 뒤, 지쳤을 텐데도 저녁이 되면 제가 있는 곳에 와서 말씀을 들으며 기뻐했습니다.

자매님 남편은 앞을 보지 못하고, 아이들은 넷이나 되었습니다. 구원받기 전에는 동네마다 다니며 건어물을 팔아서 생계를 유지했는데, 사는 것이 너무 힘들고 고달팠습니다. 힘들게 장사하고 저녁 늦게 오면 아이들이 굶고 있었습니다. 컴컴한데 밥을 해서 아이들에게 먹이고, 빨래하고 청소하고 겨우 잠들 수 있었습니다. 삶에 지치고 시달리고 고통스러웠습니다. 그렇게 살다가 예수님이 마음에 오신 뒤로는 전혀 다른 삶이 시작되었습니다. 남편이 구원받고, 여동생이 구원받고, 자녀들도 다 구원받았습니다.

    자매님이 너무 힘들게 살다가 예수님을 만났기 때문에 예수님을 깊이 사랑했습니다. 자신을 깨트리고 예수님을 위해 살려고 했습니다. 제가 압곡동을 떠난 뒤, 그 자매님이 자기 집에서 성경 공부 모임을 시작했습니다. 그 동네에는 귀신 들린 사람이 많았는데 자매님이 기도하면 귀신이 떠나갔습니다. 사람들이 고맙다고 자매님에게 쌀도 주고 돈도 주었습니다. 귀신 들린 가족을 데리고 자매님을 찾아오는 사람들이 생기고, 자매님을 통해 구원받는 사람도 점점 많아졌습니다. 자매님을 통해 그 동네에 아름다운 교회가 세워졌습니다.

    예수님이 그 자매님 안에 들어오신 뒤 자매님은 장사하러 다닐 시간이 없었습니다. 자매님을 찾는 사람이 많고, 자매님이 해야 할 일이 많아졌습니다. 전에는 자매님이 입을 열면 한숨과 근심이 나왔는데 이제는 기쁨과 감사가 흘러나왔습니다. 저는 살면서 많은 사람을 만났습니다. 이전에 어떻게 살았는지는 아무 문제가 안 됩니다. 어떤 사람이든지 그 마음에 예수님이 들어가면 새 삶이 시작됩니다.

### 예수님의 머리에서부터 아주 향기로운 냄새가 퍼져서

예수님이 식사하실 때 한 여자가 옥합을 깨트리고 예수님의 머리에 향유를 부었습니다. 예수님의 머리에서부터 아주 향기로운 냄새가 퍼져 온 집안을 가득 채웠습니다. '이게 무슨 향기지? 이렇게 향기로운 냄새는 처음이야. 굉장히 비싼 향유 냄새 같은데 누가 여기에 부었지?' 사람들이 다 향기에 취했습니다.

우리 안에 예수님이 계시면 아주 좋은 향기가 납니다. 전에는 더럽고 추하고 부끄러운 냄새를 풍기던 우리였는데, 우리가 가는 곳에 향기가 가득하고 기쁨과 감사가 넘치며 마음에 소망이 가득해집니다.

저는 수십 년 동안 복음을 전하며 살았습니다. 저는 이 삶이 말할 수 없이 행복합니다. 저는 자주 이야기합니다. 백 번 죽었다 다시 태어난다 해도 목사가 되고 싶다고요. 복음을 전하며 살고 싶다고요. 제가 목사가 되어 저를 통해서 아버지가 구원받고, 작은아버지가 구원받고, 가족과 친구들이 하나둘 예수님을 믿고 변하는 모습을 보며 한없이 감사했습니다.

더러운 냄새가 나는 베다니 문둥이 시몬의 집은 누구도 가기 싫어하는 집, 가까이하고 싶지 않은 집이었습니다. 그런데 예수님이 그 집에 가시자 더이상 역겨운 냄새가 나지 않았습니다. 향기로운 냄새가 집안에 가득했습니다. 누구든지 마음에 예수님이 들어오시면 새 삶이 시작됩니다. 예수님의 말씀을 받아들이면 변하기 싫어도 변할 수밖에 없습니다. 즐겁고 행복한 사람이 되며, 사람들이 그 향기를 맡으려고 합니다.

## 110강

# 내가 예수를
# 너희에게 넘겨주리니

"그때에 열둘 중에 하나인 가룟 유다라 하는 자가 대제사장들에게 가서 말하되 '내가 예수를 너희에게 넘겨주리니 얼마나 주려느냐?' 하니 그들이 은 삼십을 달아 주거늘 저가 그때부터 예수를 넘겨줄 기회를 찾더라."(마 26:14~16)

### 예수님과 동행하면서 예수님을 팔려는 마음을 숨겨두었다

우리 가운데 역사하는 예수님의 능력이 크고 놀랍지만, 사탄의 역사도 만만치 않다는 사실을 알아야 합니다. 가룟 유다는 사탄의 제자가 아니라 예수님의 제자였지만 사탄에게 이끌림을 받았습니다. 요한복음 13장에 보면, 마귀가 유다의 마음에 예수를 팔려는 생각을 넣었다고 했습니다. 그때부터 유다는 예수님을 팔려는 생각을 마음 한쪽에 넣어두고 있었습니다.

사람의 마음이 일정하지 않습니다. 두 마음을 가진 사람이 많습니다. 우리가 예수님과 이야기할 때에는 육신에 속한 마음이 쏙 들어가 어딘가에 숨어 있습니다. 그러다가 아무도 없고 혼자 있을 때에는 육신이 올라와서 우리 마음을 끌고 갑니다. 어떤 사람은 정말 선하고 진실한데, 어떤 경우에 그 사람에게서 생각지 못한 악이 흘러나올 때가 있습니다.

가룟 유다가 예수님과 동행하면서 예수님을 팔려는 마음을 가지고 있었습니다. 유다는 그 마음을 계속 숨겨두었습니다. 그러다가 어느 날 대제사장을 찾아갔습니다. '내가 예수를 넘겨주면 얼마를 주겠느냐?' 흥정을 했습니다.

땅에 씨를 심으면 그대로 있는 것이 아니라 싹이 나고 계속 자라서 꽃을 피우고 열매를 맺습니다. 우리 마음은 땅과 같아서, 마음에 어떤 생각이 들어오면 그대로 있는 것이 아니라 자라서 열매를 맺습니다. 악한 생각이 들어오면 그 악이 자랍니다. 음란한 생각도 마음에서 자라고, 교만한 생각도 자라고, 미움도 자랍니다. 그런 생각들이 자라면 우리 마음 전체를 휘어잡습니다. 어느 순간부터는 우리가 그 생각에 끌려다닙니다.

많은 사람들이 눈에 보이지 않지만 어떤 생각에 끌려다닙니다. 어떤 사람은 컴퓨터 게임에 끌려다니고, 어떤 사람은 도박에 끌려다니고, 어떤 사람은 술에 끌려다니고, 어떤 사람은 음란에 끌려다닙니다. 사람들이 그냥 그렇게 사는 것 같지만, 그렇게 살기 전에 마음에 그 생각이 들어와서 뿌리를 내리고 자랐습니다. 충분히 자란 생각이 사람들을 끌고 다니는 것입니다.

**나중에는 제어할 수 없을 만큼 자라서**
어느 날, 가룟 유다가 조용히 나와 어디론가 걸어갔습니다. 그가 대제사장 집에 이르러 그 안으로 들어갔습니다.
 "여기가 대제사장님 집입니까?"
 "맞는데 왜 왔어요?"
 "대제사장님을 만나려고요."
 "당신이 누군데 대제사장님을 만나려고 그래요?"
 "나는 예수의 제자인데, 중대한 이야기가 있습니다."
 그 사람이 대제사장에게 찾아가 말했습니다.
 "예수의 제자가 찾아와서 대제사장님을 만나고 싶어합니다."
 "예수의 제자가 찾아왔다고? 왜 나를 찾아왔지? 당장 들어오라고 그래."
 가룟 유다가 안으로 들어가 대제사장을 만났습니다.
 "네가 예수의 제자냐?"
 "예, 그렇습니다."
 "어쩐 일로 나를 찾아왔느냐?"
 "제가 예수를 아주 조용히 사로잡을 수 있게 해드리겠습니다. 그 값으로 얼마나 주겠습니까?"
 대제사장이 은 30개를 주었습니다. 당시에 은 30개는 튼튼하고 건강한 종을 살 수 있는 값이었습니다. 가룟 유다가 그 은을 감추고 예수님을 넘겨줄 기회를 찾았습니다.

사람들이 유다처럼 악한 생각을 많이 숨겨두고 있습니다. 그것이 별것 아닌 것 같지만 마음에서 점점 자라고, 나중에는 제어할 수 없을 만큼 자라서 그 생각에 끌려다닙니다.

우리가 건물을 하나 가지고 있다고 해봅시다. 이 건물을 술집으로 사용하면 어떤 일이 일어나겠습니까? 사람들이 술을 마시러 오고, 술에 취해서 비틀거리는 사람, 노래를 부르는 사람이 생길 것입니다. 여기저기에서 술에 취한 사람들이 술주정을 할 것입니다. 만약 이 건물에 병원을 차리면 어떤 일이 일어나겠습니까? 많은 환자들이 찾아올 것입니다. 의사가 진찰하고, 치료하고, 환자들의 병이 낫는 일이 일어날 것입니다. 만일 이 건물을 예배드리는 곳으로 삼으면 이곳에서 성경 말씀을 전하는 소리가 흘러나올 것입니다. 사람들이 죄를 사함 받아 기뻐하고, 감사의 찬송이 흘러나올 것입니다.

건물에 무엇을 담느냐에 따라 주변 풍경이 전혀 다르게 변합니다. 우리 삶도 똑같습니다. 우리 마음에 무엇을 담아두느냐에 따라 삶의 모양이 전혀 다르게 나타납니다. 악한 생각을 심어놓고 아름다운 열매를 맺는 것은 불가능합니다. 가룟 유다는 마음에 예수님을 팔려는 사탄이 넣어준 생각을 담고 지냈습니다. 그런 유다가 아름다운 열매를 맺을 수 없습니다. 그는 예수님을 팔려는 기회를 엿볼 뿐입니다.

**유다는 평강의 왕이신 예수님을 생각할 힘을 잃어버렸다**

자기 안에 예수님이 주신 마음을 심은 사람은 그 마음이 자라고 열매를 맺습니다. 성경에 보면, 예수님을 '평강의 왕'이라고 했습니다.

평안하게 죽음을 맞이할 수 있는 사람이 있습니다. 오늘 죽어도 하나님 앞에 기쁘게 설 수 있는 사람이 있습니다. 그런 마음은 예수님이 주실 수 있지, 다른 누구도 줄 수 없습니다.

옛날에는 왕이 이야기하면 그것이 곧 법이었습니다. 우주 만물을 다스리시는 분은 예수님입니다. 예수님은 만왕의 왕이며 만주의 주입니다. 예수님이 평강을 다스리십니다. 예수님이 말씀하십니다.

"평강아, 너 저 사람 마음에 들어가거라."

그러면 그 사람이 아무 이유 없이 평강합니다.

"기쁨아, 너 박옥수 목사 마음에 들어가거라."

그러면 제 마음에 아무 이유 없이 기쁨이 생깁니다. 기뻐야 할 조건이나 이유가 없어도, 내 마음에 기쁨이 들어오면 제가 기쁩니다.

가룟 유다가 예수님과 함께 다니면서 그의 마음에 예수님이 주시는 평강을 받아들이고 기쁨을 받아들여야 했습니다. 그런데 그는 사탄이 넣어준 예수님을 팔려는 생각을 받아들였습니다. 유다의 마음 안에 예수님을 팔려는 생각과 예수님을 같이 둘 수 있습니까? 그것은 불가능합니다. 예수님을 팔려는 마음을 가지면 그 사람은 예수님을 버린 것입니다. 반대로 마음에 예수님이 살아 계시면, 예수님을 팔려는 생각을 가지려고 해도 가질 수 없습니다. 그런 일이 일어나는 것이 불가능합니다.

가룟 유다는 예수님을 팔려는 생각을 마음에 두고 지냈습니다. 그 생각이 자라서 그의 마음을 휘어잡았고, 그 마음을 따라 대제사장을 만났습니다. '내가 예수를 넘겨줄 테니 얼마를 주겠느냐?'고 대제사장과 흥정했습니다. 대제사장이 은 30개를 주었습니다. 가룟 유다가 그 은을 들고 나왔습니다. 조금 지나면 어떤 일이 닥칠지 유다는 몰랐습니다. 다만, 양심의 가책은 조금 되지만 그래도 은 30개를 얻었다는 사실이 기뻤습니다. 그러면서도 한쪽 마음이 불안하고 두려웠습니다.

결국 가롯 유다는 예수님을 팔았습니다. 예수님이 자주 가서 기도하시는 겟세마네 동산으로 군인들을 이끌고 와서 예수님을 군인들 손에 넘겼습니다. 예수님이 군인들에게 잡혀가고, 유다의 손에는 은 30개가 쥐어져 있었습니다. 가롯 유다는 그 은이 마음에 기쁨을 주고, 소망을 주고, 행복을 줄 것이라고 생각했습니다.

유다는 예수님을 팔 생각을 오랫동안 했습니다. 마음속에서 사탄이 자주 이야기했습니다. '예수님을 팔아! 팔아! 그 값을 두둑이 받을 수 있어. 그러면 네가 넉넉해질 거야. 기쁘고 행복해질 거야.' 유다가 예수님을 팔아서 받을 돈을 생각하면 기분이 좋았습니다. 그 돈이 드디어 그의 손에 들려 있었습니다. 이제 유다의 마음에 기쁨이 찾아오고, 평안이 찾아오고, 행복이 찾아와야 했습니다. 그런데 그렇지 않았습니다.

대제사장들과 장로들이 예수님을 총독 빌라도에게 넘겨줘 죽음으로 몰아가는 것을 보고 유다가 너무 괴로웠습니다. '내가 죄 없는 피를 팔았구나! 내가 선생님을 팔았구나! 예수님이 나 때문에 죽임을 당하시겠구나!' 손에 들고 있는 은 30개가 가롯 유다의 마음에 엄습해 들어오는 가책과 고통과 두려움을 물리쳐주지 못했습니다. '주여, 나를 긍휼히 여기시옵소서! 내 마음에 두려움이 엄습해 오는데 이길 수가 없습니다. 내게 은혜를 베풀어 이 두려움이 물러가게 해주십시오.' 이런 생각이나 기도를 할 틈도 주지 않았습니다. 가책과 두려움이 유다의 마음을 휘감았습니다.

유다가 어떻게 가책을 내쫓습니까? 어떻게 두려움에서 벗어납니까? 어떻게 그 고통에서 벗어납니까? 평강의 왕이신 예수님이 계셔야 했습니다. 그러나 가룟 유다는 예수님을 생각할 힘을 잃어버렸습니다. 고통 속에 있는 그에게 사탄이 찾아와 이야기했습니다.

'괜찮아. 죽으면 돼. 죽으면 끝이 나. 죽으면 고통도 끝나고 모든 게 끝나. 편히 쉴 수 있어. 저기 있는 나무에 목을 매면 돼. 세상 모든 것이 끝나고 이 모든 괴로움에서 벗어날 수 있어.'

다시 사탄이 넣어준 생각이 유다의 마음에 뿌려졌습니다. 가룟 유다가 바르게 생각했다면 이렇게 말했을 것입니다.

'내 속에서 올라오는 생각, 네가 나에게 예수님을 팔라고 했잖아. 그렇게 해놓고 이제 죽으라고? 이번에는 나를 영원한 지옥에 보내려고? 너, 악마지? 이제 네 말 듣지 않을 거야. 예수님께 가서 은혜를 구할 거야!'

그러나 유다는 바르게 생각할 수 있는 능력을 잃었습니다. 다만 자신의 마음을 짓누르는 고통에서 벗어나고 싶었습니다.

'내가 예수님을 팔았어! 내가 미쳤지, 어떻게 선생님을 팔 수 있었지? 너무 괴로워서 숨도 쉴 수 없어.'

아무 생각도 할 수 없을 만큼 큰 가책과 고통과 두려움이 유다의 마음에 밀려들어왔습니다. 사탄이 그렇게 가룟 유다를 이끌어 갔습니다.

성경에서, 두려워하는 마음은 하나님이 주신 마음이 아니라고 했습니다. 사탄이 가룟 유다의 마음에 두려움과 고통을 가져다주었습니다. 결국 가룟 유다는 사탄이 넣어준 생각대로 스스로 목숨을 끊었습니다.

**가룟 유다는 마지막까지 사탄의 음성을 들어서…**
사탄은 우리도 가룟 유다와 똑같은 길로 밀어넣으려고 합니다. 가룟 유다가 갔던 길을 우리 앞에 닦아놓고, 어떻게든 그 길로 들어서게 하려고 우리 속에 생각을 집어넣습니다. 아무 생각 없이 사는 사람은 사탄이 끄는 대로 끌려갑니다.

사탄이 넣어주는 생각에 끌려가지 않으려면 예수님을 바라보아야 합니다. '마귀야, 네가 예수님을 팔라고 했잖아. 그래 놓고 나보고 죽으라고? 난 죽지 않을 거야. 이제 네 말 안 들을 거야. 한 번 속지 두 번 속지 않을 거야' 하고 예수님께 은혜를 구해야 합니다. '주님, 제가 주님을 팔았습니다. 용서해 주십시오. 저에게 긍휼을 베풀어 주십시오!'

많은 사람들이 사탄에게 속고 속고 또 속습니다. 사탄은 사람들에게 생각을 넣어주어 잘못된 길로 이끌고, 자신이 넣어준 생각에서 결코 벗어날 수 없을 것처럼 다시 속입니다. 그 생각에서 벗어나면 되는데, 벗어날 수 없을 것처럼 보이게 해 절망에 빠지게 만듭니다. 가룟 유다는 마지막까지 사탄의 음성을 들어 스스로 목을 매어 저주를 받고 멸망을 당하는 길을 선택했습니다.

우리가 어떤 죄를 지었든지 예수님 앞에 나아가면 긍휼을 입을 수 있습니다. 가룟 유다처럼 예수님을 팔고 난 뒤에라도 예수님의 은혜를 입을 수 있습니다. 유다는 그러한 예수님의 은혜를 모르고 사탄이 넣어주는 생각을 따라 자살을 선택했습니다. 오늘날도 사탄이 말하는 '죽으면 편해. 모든 것이 끝나. 다 좋아져'라는 소리에 속아서 죽음을 선택하는 사람이 있습니다. 사탄이 그렇게 많은 사람들을 멸망으로 끌고 갔습니다.

사탄에게 이끌리지 않으려면, 마음에 조그마한 악이나 어두움이 있어도 두려워할 줄 알아야 합니다.

'내 마음에 이런 것을 두면, 이것이 자라서 결국 나를 삼키겠구나. 여기서 돌아서서 예수님과 가까이해야겠구나. 마음에 예수님이 계시게 해야겠구나. 나를 위해 십자가에 못박혀 피를 흘리고 죽으신 예수님이 나에게 평강을 주시고 행복을 주셔.'

우리 모두 마음에 예수 그리스도를 모시고 은혜롭게 살게 되기를 바랍니다.

**111강**

# 예수께서 열두 제자와 함께 앉으셨더니

"무교절의 첫날에 제자들이 예수께 나아와서 가로되 '유월절 잡수실 것을 우리가 어디서 예비하기를 원하시나이까?' 가라사대 '성안 아무에게 가서 이르되 "선생님 말씀이 내 때가 가까왔으니 내 제자들과 함께 유월절을 네 집에서 지키겠다 하시더라" 하라' 하신대 제자들이 예수의 시키신 대로 하여 유월절을 예비하였더라. 저물 때에 예수께서 열두 제자와 함께 앉으셨더니 저희가 먹을 때에 이르시되 '내가 진실로 너희에게 이르노니 너희 중에 한 사람이 나를 팔리라' 하시니" (마 26:17~21)

사람들은 자신을 아주 중요하게 생각하지만, 실제로 가치 있는 존재는 마음에 하나님을 담고 있는 사람입니다. 하나님이 살아 역사하시는 사람입니다. 우리는 자신이 잘난 줄 알고 자기 생각을 따라 살았습니다. 우리 생각을 끌어가는 힘이 있어서 망하는 길로 가며, 그 힘이 사탄이라는 것을 마태복음에서 알았습니다. 그리고 하나님의 말씀을 받아들일 때 그 말씀이 우리 마음을 주관해 우리 삶이 복되고 영광스럽게 변하는 것을 알았습니다. 제가 마태복음을 읽으면 읽을수록 전에 갖지 않았던 새로운 마음이 내 안에 만들어지는 것을 보았습니다. 생각할수록 감사하고, 하나님을 찬양하지 않을 수 없습니다.

### 오늘도 예수님은 우리와 만찬 자리에 앉길 바라신다

예수님은 곧 십자가에 못박혀 죽으셔야 하기에, 제자들 마음에 당신의 마음을 심어주시고 싶었습니다. 마지막으로 만찬을 가지며 제자들에게 당신의 마음을 전하시고 싶었습니다. 그런데 그렇게 할 만한 방이 없었습니다. 방을 빌릴 돈도 없었습니다. 예수님이 제자들에게 이렇게 말씀하셨습니다.

"성안 아무에게 가서 이르되 '선생님 말씀이, 내 때가 가까웠으니 내 제자들과 함께 유월절을 네 집에서 지키겠다 하시더라' 하라."

그 사람이 만찬을 가질 수 있는 방을 빌려주었습니다. 예수님이 그 방에서 제자들과 함께 음식을 드셨습니다. 예수님이 떡을 가지고 축복하신 뒤 떼어서 제자들에게 주며 말씀하셨습니다.

"받아 먹으라. 이것이 내 몸이니라."

다시 제자들에게 잔을 주며 말씀하셨습니다.

"너희가 다 이것을 마시라. 이것은 죄 사함을 얻게 하려고 많은 사람을 위하여 흘리는바 나의 피, 곧 언약의 피니라."

이제 예수님이 십자가에 못박히시면 제자들과 만날 시간이 없고, 부활하신 뒤에도 제자들과 함께 있을 시간이 많지 않았습니다. 그래서 최후의 만찬 자리에서 제자들에게 당신의 마음을 전하셨습니다. 오늘도 예수님은 우리와 만찬 자리에 앉길 바라십니다. 단둘이 앉아 우리에게 주시고 싶은 것이 많습니다. 우리가 어떻게 육신의 소욕에서 벗어나 성령의 이끌림을 받는지, 어떻게 믿음으로 달려가는지 이야기하길 원하십니다.

### 유다는 예수님과 함께 지냈는데 왜 더 나빠졌는가?

예수님은 최후의 만찬 자리에서 제자들이 꼭 기억해야 할 말씀을 하셨습니다. 한편으로는 "너희 중에 한 사람이 나를 팔리라." 하셨습니다. 제자들이 근심하여 각각 "주여, 내니이까?"라고 물었습니다. 가룟 유다가 "랍비여, 내니이까?"라고 물었을 때 예수님이 "네가 말하였도다."라고 하셨습니다.

유다는 그 자리에서 마음에 많은 고통을 겪었지만 마음을 돌이키지는 못했습니다. 예수님의 제자들이 처음 부름을 받았을 때에는 서로 별 차이가 없었습니다. 유다는 3년 동안 예수님과 함께 지냈는데 왜 좋아지지 않고 더 나빠졌습니까? 마음이 사탄에게 이끌렸기 때문입니다.

우리가 예수님을 따라간다고 해서 예수님께만 이끌리는 것은 아닙니다. 교회에 와서 예배를 드리고 기도하면서도 사탄에게 이끌리는 사람이 많습니다. 그래서 성경은 우리 자신을 믿지 말라고 합니

다. 자기를 부인하라고 합니다. 우리가 늘 잘못된 판단을 하기 때문입니다. 마치 도박하는 사람과 같습니다

도박을 하는 사람은 돈을 따고 싶기 때문입니다. 돈을 잃으려고 도박하는 사람은 없습니다. 그래서 따는 생각만 받아들이지 잃는 생각은 받아들이지 않습니다. 돈을 잃어도 이번에는 딸 것 같은 생각이 들어서 다시 도박을 합니다. 도박장이 망하지 않는 것을 보면 도박하는 사람이 딸 확률보다 잃을 확률이 높습니다. 사람들이 잃은 돈으로 도박장에서 필요한 비용도 쓰고 직원 월급도 주고 이익도 남깁니다. 그런데도 도박장이 성행하는 이유는, 도박하는 사람들이 다 딸 생각만 하기 때문입니다.

가룟 유다는 돈을 좋아했습니다. 예수님을 팔아서 돈이 생길 것을 생각하면 기분이 좋았습니다. 유다는 그 생각에 이끌려 결국 예수님을 은 30개에 팔았습니다. 유다가 그 돈을 가지고 행복했습니까? 그는 말할 수 없이 고통스러웠습니다. 그 고통을 견딜 수 없어서 결국 죽음을 선택했습니다. 가룟 유다는 그런 고통이 찾아올 것이라고 생각하지 못했습니다. 기분이 좋을 것이라는 생각에만 집착했기 때문입니다.

자동차를 운전하다 보면 차선을 바꾸기 위해 고개를 옆으로 돌릴 때가 있습니다. 그러고는 바로 다시 앞을 쳐다봅니다. 고개를 돌린 채로 계속 있으면 큰 문제가 일어납니다. 사탄은 가룟 유다의 생각을 한쪽만 향하게 했습니다. 돈을 가질 즐거움만 생각하게 했지, 예수님을 팔았을 때 닥칠 괴로움은 생각하지 못하게 했습니다. 그 생각에 팔려 예수님을 팔고 은 30개를 받았습니다.

**술을 마신 뒤 일어나는 불행한 일들을 다 보여 주면…**

가롯 유다가 예수님을 판 뒤, 예수님이 정죄를 당하는 것을 보고 자신이 잘못했다는 마음이 들었습니다. 유다가 예수님을 팔 때 마귀가 이렇게 이야기했는지 모릅니다. '예수님은 능력이 많으니까 네가 팔아도 별 문제 없을 거야. 예수님이 다 해결할 거야.' 유다는 자신이 예수님을 팔아서 예수님이 십자가에 못박히실 거라고 생각하지 못했던 것 같습니다. 예수님이 사람들에게 정죄를 당하는 모습을 보고 뉘우치며, 예수님을 팔고 받은 은을 대제사장들과 장로들에게 도로 가져다주며 말했습니다.

"내가 무죄한 피를 팔고 죄를 범하였도다."

그러자 대제사장들과 장로들이 이렇게 말했습니다.

"그것이 우리에게 무슨 상관이 있느냐? 네가 당하라."

유다가 예수님을 팔고 받은 은을 성전에 던졌습니다. 얼마나 고통스러웠으면 그렇게 좋아했던 돈을 성소에 던졌겠습니까? 그리고 예수님이 십자가에 못박히시기 전에 자신이 먼저 자살해버렸습니다. 은 30개를 받아서 즐겁게 지낼 생각을 했지만 결과는 그렇지 않았습니다. 스스로 목숨을 끊는 길을 가야 했습니다.

신앙생활을 하면서 사탄에게 이끌리면 생각이 한쪽에만 집착됩니다. 그러나 반대쪽도 생각해야 합니다. 육신의 유혹이나 욕망에 이끌리면 즐거울 것 같은 생각만 듭니다. 사탄이 생각을 그렇게 이끌어갑니다. 그 외에 무엇이 뒤따라오는지 생각하지 못하게 합니다.

TV에서 술 광고를 할 때, 예쁜 여자가 멋진 술잔에 술을 따라서 마시며 행복하게 웃는 장면을 내보냅니다. 술을 마신 뒤 토하는 장면,

음주 운전으로 교통사고 나는 장면, 친구들과 싸우는 장면, 가족들에게 잔소리하는 장면, 간암에 걸려 죽어가는 장면…. 이런 장면들은 보여주지 않습니다. 술을 마신 뒤 일어나는 불행한 일들을 다 보여 주면 사람들이 술을 사먹지 않습니다. 술을 마시면 행복할 것 같은 장면만 보여 줍니다.

사탄이 우리에게 넣어 주는 생각이 그와 같습니다. 그런 음성을 들을 때 반대편을 보아야 합니다. 예수님을 팔면 은 30개를 얻을 수 있지만, 그 뒤에 어떤 비극이 뒤따라오는지도 보아야 합니다. 오늘도 많은 사람들이 가룟 유다처럼 유혹을 받습니다. 우리가 육신의 쾌락과 욕망을 따라가면 즐거울 것 같지만, 저주와 멸망이 뒤따라옵니다. 그렇기 때문에 욕망에 그냥 끌려가야 하는 것이 아닙니다. 예수님이 우리 마음의 왕이 되어, 우리가 예수님께 이끌림을 받아 살 때 진정으로 행복한 사람이 됩니다.

**유다야, 네가 나를 판 죄도 십자가에서 씻었다**
가룟 유다가 예수님을 팔았다는 고통에 빠졌을 때 마귀가 다시 말했습니다.

'네가 예수님을 팔았어. 너는 저주를 받아야 해. 어차피 너는 고통 속에서 살아야 해. 그렇게 사느니 지금 죽는 게 좋아. 나무에 목을 매달아. 그러면 모든 게 끝나고 평안해져. 빨리 자살해.'

그때도 유다는 어리석었습니다. 다시 사탄의 말을 따라가고 말았습니다. 조금만 생각해 보면 다른 결론에 이를 수 있었습니다.

'이 생각에 이끌려서 내가 예수님을 팔았잖아. 네가 시킨 대로 예

수님을 팔았는데 이제 와서 나보고 죽으라고?'

유다가 말해야 했습니다.

'내가 구원도 안 받고 죽으면 돼? 너는 왜 나를 파멸의 길로만 이끌어? 네 소리 듣고 예수님을 판 것만으로도 괴롭고 억울한데, 또 죽으라고? 이제 네 소리 절대 안 들을 거야. 다시는 이런 소리 하지 마.'

유다가 그 시간을 넘기고, 예수님이 부활하신 뒤 예수님을 찾아가야 했습니다.

"예수님, 제가 주님을 팔았습니다. 너무 큰 악을 저질렀습니다. 이 큰 죄를 어떻게 해야 하겠습니까? 저를 불쌍히 여겨주십시오. 저를 이 죄악과 고통에서 건져주십시오."

유다가 이렇게 말하면 예수님이 뭐라고 하셨겠습니까?

"나를 팔더니 다시 나에게 왔어? 내가 너 때문에 십자가를 지고 얼마나 고통을 당했는지 알아? 가시관을 쓰고 얼마나 괴로웠는지 알아? 그런데 나를 찾아와? 가!"

이렇게 말씀하셨겠습니까? 그렇지 않습니다.

"유다야, 네가 나를 팔았지만 다시 와줘서 고맙다. 내가 십자가에 못박혀 모든 사람의 죄를 씻었다. 네가 나를 판 죄도 십자가에서 씻었다. 내가 너를 깨끗하게 했다. 이제 죄에 얽매어 있을 필요 없다. 자유롭게 살아도 된다."

예수님이 유다를 반기며 이렇게 말씀하셨을 것입니다.

## 죽고 싶어서 죽은 것이 아니라 마귀에게 속아서 죽었다

가룟 유다가 죽은 것은 자신이 죽고 싶어서 죽은 것이 아닙니다. 마귀에게 속아서 죽었습니다. 마귀는 사람들을 써먹고 가치가 없으면 죽음으로 이끌어 갑니다. 멸망을 당하도록 끌고 갑니다. 우리가 마귀의 음성을 들어서는 안 됩니다. 예수님과 가까이하고 예수님의 음성을 들어야 합니다.

혹시 사탄에게 이끌리는 사람이 있다면, 그 소리를 그냥 듣지 마십시오. '나는 네 소리 안 들을 거야. 나는 이제 예수님의 말씀을 들을 거야. 예수님의 말씀이 평화롭고 좋아'라고 이야기하십시오. 그리고 '예수님, 저를 도와주세요. 사탄이 저를 괴롭히고 있습니다. 저를 파멸로 끌어가려고 합니다. 저에게 은혜를 베풀어 악한 길에서 벗어나게 해주십시오'라고 간구하십시오.

가룟 유다는 사탄이 예수님을 팔라는 생각을 넣어 주었을 때 그냥 그 생각을 따라갔습니다. 자기 나름대로 생각했습니다. '내가 예수님을 팔아도, 예수님은 죽은 사람을 살리시고 바다 위로 걸어가시는 분이니까 별 어려움을 당하지 않을 거야. 그러면 나는 돈만 벌고, 좋네.' 돈을 좋아하니까 그런 쪽으로만 생각했습니다. 사탄이 가룟 유다를 계속 속였습니다.

결국 유다는 예수님을 팔았습니다. 그리고 예수님이 정죄를 당하시는 것을 보았습니다. 유다는 생각지 못한 일이 펼쳐지자 너무 고통스러웠습니다. 예수님을 팔고 받은 은을 대제사장들과 장로들에게 도로 가져다주며 말했습니다.

"내가 무죄한 피를 팔고 죄를 지었습니다. 너무 고통스럽습니다. 어떻게든 예수님을 살리고 싶습니다."

대제사장들과 장로들이 말했습니다.

"이제 늦었어. 네가 어떻든, 그건 우리와 아무 상관이 없어. 네가 팔았으니까 그 책임은 네가 당해."

모든 책임이 가룟 유다에게 넘어갔습니다. 유다는 말할 수 없이 고통스러운데 그 고통을 해결할 길이 없었습니다. 사탄이 말했습니다. '죽으면 모든 게 끝나. 죽으면 괴로움이 사라져. 평안해져.' 고통에서 벗어나고 싶다는 생각에 빠져 유다는 다시 사탄이 넣어준 생각을 따라갔습니다.

사탄은 가룟 유다를 속인 것처럼 오늘도 얼마나 많은 사람들을 속이고 있는지 모릅니다. 정말 많은 사람들이 사탄에게 속아 허우적거리고 있습니다. 우리가 사탄의 굴레에서 벗어나야 합니다. 우리 힘으로는 그렇게 할 수 없기 때문에 예수님을 마음에 모셔야 합니다.

예수님은 우리 영혼을 구원해서 살리길 원하시고, 사탄은 우리가 멸망을 당케 되기를 원합니다. 우리 모두 자기 생각에 이끌리지 말고, 하나님의 말씀을 믿어서 예수님을 마음에 모시고 사는 사람이 되기를 바랍니다.

## 112강

# 내가 그 사람을
# 알지 못하노라

"베드로가 바깥 뜰에 앉았더니 한 비자가 나아와 가로되 '너도 갈릴리 사람 예수와 함께 있었도다' 하거늘 베드로가 모든 사람 앞에서 부인하여 가로되 '나는 네 말하는 것이 무엇인지 알지 못하겠노라' 하며 앞문까지 나아가니, 다른 비자가 저를 보고 거기 있는 사람들에게 말하되 '이 사람은 나사렛 예수와 함께 있었도다' 하매 베드로가 맹세하고 또 부인하여 가로되 '내가 그 사람을 알지 못하노라' 하더라. 조금 후에 곁에 섰던 사람들이 나아와 베드로에게 이르되 '너도 진실로 그 당이라. 네 말소리가 너를 표명한다' 하거늘 저가 저주하며 맹세하여 가로되 '내가 그 사람을 알지 못하노라' 하니 닭이 곧 울더라."(마 26:69~74)

**베드로는 죽는다 해도 예수님을 부인하지 않을 것 같았다**

베드로가 예수님을 세 번 부인하는 이야기가 마태복음 26장 마지막 부분에 나옵니다. 그때 베드로는 자신의 생애에서 가장 부끄러운 일이라고 생각했을지 모르지만, 그 일은 베드로 생애에 다시 없는 축복이었습니다.

예수님이 잡히시기 전에 제자들에게 말씀하시길, "오늘 밤에 너희가 다 나를 버리리라." 하셨습니다. 그때 베드로가 "다 주를 버릴지라도 나는 언제든지 버리지 않겠나이다."라고 했습니다. 예수님이 다시 "내가 진실로 네게 이르노니, 오늘밤 닭 울기 전에 네가 세 번 나를 부인하리라." 하셨습니다.

베드로는 자신이 예수님과 함께 죽는다 해도 예수님을 부인하지 않을 것 같았습니다. 그물과 배를 버리고 예수님을 따랐고, 예수님과 동행하는 동안 놀라운 일들을 경험했으며, 예수님과 함께 지내는 것이 좋았기 때문에 절대로 예수님을 부인할 일은 없을 것 같았습니다. 그래서 "내가 주와 함께 죽을지언정 주를 부인하지 않겠나이다."라고 말했습니다.

우리도 베드로처럼 예수님 앞에서 어떤 결심을 할 때가 있습니다. '아무리 어려워도 나는 복음을 전할 거야!' '내 일생을 온전히 예수님께 드릴 거야!' 그런 마음을 가질 수는 있지만, 한 가지 알아야 하는 사실이 자신을 믿지는 마십시오. 자기 결심대로 할 수 있는 사람은 없기 때문입니다.

베드로가 갈릴리 바다에서 예수님을 만났습니다. 밤새 물고기를 한 마리도 잡지 못하고 아침이 되어 그물을 씻고 있는데 예수님이 베드로의 배에 타셨습니다. 배를 육지에서 조금 떨어지게 한 뒤 뭍에 있는 사람들에게 말씀을 가르치셨습니다. 예수님이 말씀을 마치신 뒤 베드로에게 "깊은 데로 가서 그물을 내려 고기를 잡아라." 하셨습니다. 베드로 생각에는 맞지 않는 이야기였습니다.

베드로가 "고기를 잡아본 적 있어요? 그물 한 번이라도 던져 보았어요? 나는 이곳에서 잔뼈가 굵었어요."라고 말할 수 있었습니다. 그런데 베드로가 예수님이 무리에게 전하시는 말씀을 들으면서 감동을 받았습니다. 그래서 이렇게 말했습니다.

"우리들이 밤이 맞도록 수고를 하였으되 얻은 것이 없지마는 말씀에 의지하여 내가 그물을 내리리이다."

베드로가 예수님의 말씀대로 깊은 데에 가서 그물을 내리자 물고기가 엄청나게 잡혔습니다. 베드로가 깜짝 놀랐습니다. 그날 베드로가 배와 그물을 버리고 예수님을 좇았습니다. 하지만 예수님이 하시는 말씀을 전적으로 믿은 것은 아니었습니다. 물고기가 많이 잡히는 역사 등 자기 마음에 맞으면 믿었습니다. 예수님은 베드로에게 있는 그 문제를 고쳐주길 원하셨습니다.

**자신의 마음을 버리려면 자기 마음이 얼마나 악한지 알아야**
사람들이 신앙생활을 할 때, 자신이 선을 행하고 율법을 잘 지키려고 합니다. 그런데 해보면 안 됩니다. 우리는 다 악하고 추하기 때문입니다. 그렇다면 어떻게 해야 합니까? 우리 자신을 예수님으로 바꾸어야 합니다. 신장이 망가져서 피를 거르지 못하면 좋은 신장을 이식

해야 합니다. 그것처럼 악한 우리 마음은 버려야 합니다. 그런데 사람들이 나쁜 마음을 고쳐서 하나님 앞에 나아가려고 합니다. 그러나 우리 마음은 아무리 고쳐도 새로워지지 않습니다.

우리가 잘못된 자기 마음을 버리고 예수님의 마음을 받아들여야 합니다. 그런데 우리 마음이 아름답고 좋다면 정말 버리기 싫을 것입니다. 그래서 자신의 마음을 버리려면 내 마음이 얼마나 악한지 알아야 합니다. 하나님이 '만물보다 거짓되고 심히 부패한 것이 사람의 마음'이라고 하셨습니다. 우리가 거짓되고 심히 부패한 우리 마음을 보면 버리고 싶어집니다.

사람들은 대부분 자신의 마음이 거짓되고 부패했다는 사실을 발견하려고 하는 것이 아니라, 자기 마음으로 선하고 진실하게 살려고 합니다. 그러나 우리 마음으로는 하나님을 위해 살려고 할 때마다 육신이 싫어해서 가로막습니다. 참된 신앙생활을 하려면 자기를 버리는 일부터 시작해야 합니다. 나를 믿고 살다가 나를 버리는 것을 가리켜 '회개'라고 합니다. 내 생각을 버리고 예수님의 말씀을 받아들이는 것입니다.

오늘날 정말 많은 사람들이 참된 회개가 무엇인지 모르고 이렇게 회개합니다.

"하나님, 제가 거짓말했습니다. 용서해 주십시오."

"하나님, 제가 도둑질했습니다. 용서해 주십시오."

"하나님, 제가 남을 미워했습니다. 음탕한 생각을 품었습니다. 남을 시기했습니다. 용서해 주십시오."

이처럼 잘못한 행동이 아니라 마음이 근본 악하다는 사실을 발견해야 합니다. 그런데 사람들은 대부분 죄를 짓고 악을 행하면서도 자신이 괜찮다고 생각합니다. 속에 품은 죄를 다 행하고 사는 것이 아니라 누르면서 살기 때문에 그런 자신이 선한 줄로 압니다. 그러나 악한 마음을 눌러야 하는 것이 아니라 버려야 합니다. 하나님은 우리가 자신을 버릴 수 있게 하려고 우리가 악에 빠지고 잘못된 데에 빠지도록 내버려두십니다.

창세기 4장을 보면, 가인이 자기 아우 아벨을 죽였습니다. 그 전까지는 가인이 자기가 죄인이라는 사실을 몰라 당당했습니다. 가인이 아벨을 죽인 뒤에도 발뺌만 하려고 했지만 하나님이 가인의 죄를 정확히 말씀하셨습니다. "네 아우의 핏소리가 땅에서부터 내게 호소하느니라." 그때 가인이 자신의 악을 인정하고 하나님 앞으로 돌이켰습니다.

하나님은 우리가 더럽고 추한 마음을 억누르며 살기를 바라시지 않습니다. 우리가 행한 악이 드러나서 자신이 정말 악하고 추한 인간이라는 사실을 깨닫기를 바라십니다. '내가 왜 이렇게 악하지? 내가 왜 이렇게 더럽고 추하지?' 하며 자신이 악한 자라는 사실을 알기를 바라십니다.

요한복음 8장에 간음하다 잡힌 여자가 나옵니다. 그 여자가 간음하지 않았다면 어떻게 살았겠습니까? 죄를 짓는 사람을 비웃었을 것입니다. 하나님은 그 여자가 악한 것을 발견하게 하려고 음란한 마음에 끌려가게 놔두셨습니다. 이 여자가 간음하고도 잡히지 않았다면 나름대로 선한 사람으로 살았을 것입니다. 그런데 간음하다가 잡혀서 돌에 맞아 죽을 수밖에 없는 자가 되었습니다. 더이상 악을 가릴 수도 없고, 변명할 수도 없는 위치에 섰습니다.

그 여자를 돌로 치려고 했던 사람들이 있었습니다. 그들 속에는 음란한 마음이 없었습니까? 다 음란한 마음을 가지고 있었습니다. 다만 드러나지 않았기 때문에, 자신들은 깨끗하고 그 여자는 더럽다고 여겨 돌로 쳐서 죽이려고 했습니다. 결국 간음하다 잡힌 여자는 예수님을 만나 죄에서 벗어났고, 여자를 돌로 치려고 했던 사람은 죄를 가진 채 돌아갔습니다.

**죄에 빠지지 않게 해달라고 기도한 뒤, 죄를 짓지 않았는가?**
하나님은 우리에게 예수님의 마음을 주길 원하십니다. 세상이 불행한 것은, 환경이 나쁘거나 가난하기 때문이 아닙니다. 사람의 마음이 더럽고 악하고 추하고 거짓되기 때문입니다. 우리 마음이 예수님의 마음으로 변하면 누구나 큰 평안과 기쁨을 얻습니다. 복되고 영광스럽게 살 수밖에 없습니다. 예수님의 마음에는 악한 마음, 더러운 마음, 거짓된 마음이 없기 때문입니다. 그런데 많은 사람들이 자기 마음을 사랑하기 때문에, 그 마음속에 있는 악하고 추한 생각에 이끌리고 그런 것을 좋아합니다.

살다 보면 손해를 보기도 하고, 모욕을 당하기도 하고, 사기를 당하기도 합니다. 사람 마음에 죄가 있어서 악을 행하기 때문입니다. 그래서 우리가 예수님을 믿습니다. 이때 어떻게 믿느냐가 중요합니다. 아담과 하와가 하나님의 말씀을 버리고 사탄의 음성을 받아들여 저주를 받았습니다. 우리도 아담의 피가 흐르는 인간이어서 저주를 받아야 합니다. 그런데 하나님이 다시 기회를 주셨습니다. 우리가 얼마나 악하든지, 마음에 예수님을 받아들이면 우리가 예수님과 같이 되게 하셨습니다. 그런데 사람들이 예수님을 받아들이려고 하지 않고 자기 마음으로 선하게 살려고 합니다.

죄를 짓지 않으려고 하나님께 기도해본 적이 있습니까? "하나님, 제가 죄를 짓지 않게 해주십시오. 제가 악을 행하지 않고 선하게 살기를 바랍니다. 죄에 빠지지 않게 붙들어 주십시오." 그렇게 기도한 뒤 죄를 짓지 않았습니까? 다 죄를 짓습니다. 왜 그렇습니까? 우리 마음으로 살면 멸망을 당할 수밖에 없기 때문에, 하나님은 우리 속에 있는 악을 드러내십니다. 그래야 우리가 악한 자신의 마음에서 돌아설 수 있기 때문입니다.

하나님은 우리가 선을 행하는 것을 기뻐하시는 것이 아닙니다. 오히려 악을 행하는 것을 기뻐하십니다. '내가 또 죄를 지었어. 또 악한 일을 행했어. 나는 인간이 왜 이 모양이지? 왜 이렇게 악하지? 정말 저주받을 인생이야!' 이런 마음을 갖게 되길 바라십니다. 그래야 악한 자신의 마음을 버리고 예수님의 마음을 받아들일 수 있기 때문입니다.

'내가 하나님의 말씀을 받아들여야겠다. 예수님의 마음으로 살아야겠다.' 이런 마음을 가지면 은혜로 예수님의 마음을 받아들일 수 있습니다. 예수님의 마음을 받아들이면 깜짝 놀랄 새로운 일이 일어납니다. 마음이 죄악에 이끌리는 것이 아니라, 믿음과 소망이 생기고 사랑이 일어나며 감사가 가득 찹니다. 사도 바울이 빌립보서에서 말했습니다. "너희 안에 이 마음을 품으라. 곧 그리스도 예수의 마음이니"(빌 2:5) 우리가 자신의 마음을 버리고 예수님의 마음을 받아들여서 예수님의 마음으로 살면, 죄에 빠지지 않고 밝고 거룩하고 복된 삶을 살게 됩니다.

**예수님은 베드로를 말씀을 따르는 사람으로 만들려고 하셨다**
예수님은 베드로가 자기 자신을 믿고 있는 것을 잘 아셨습니다. 베드로가 자기를 믿는 마음에서 돌이키길 간절히 원하셨습니다. 예수님이 잡히시던 날, 제자들에게 말씀하셨습니다.

"오늘 밤에 너희가 다 나를 버리리라."

베드로가 말했습니다.

"다 주를 버릴지라도 나는 언제든지 버리지 않겠나이다."

베드로는 자기를 믿었기 때문에, 예수님의 말씀이라도 자기 마음에 맞지 않는 것은 받아들이지 않았습니다. 예수님은 베드로를 당신의 말씀을 따르는 사람으로 만들려고 하셨습니다. 그래야 사탄이 어떤 생각을 넣어주든지 그 생각을 따르지 않고 예수님의 일을 할 수 있기 때문입니다.

예수님이 베드로가 어떤 사람인지 분명히 가르쳐 주시려고 다시 말씀하셨습니다.

"내가 진실로 네게 이르노니, 오늘밤 닭 울기 전에 네가 세 번 나를 부인하리라."

베드로가 힘주어 말했습니다.

"내가 주와 함께 죽을지언정 주를 부인하지 않겠나이다."

베드로는 예수님이 하시는 말씀을 따르는 것이 아니라 자기 의지를 따랐습니다. '내가 왜 주를 부인합니까? 내가 주를 따르려고 배와 그물을 버렸습니다. 주를 부인할 것 같으면 내가 주를 따랐겠습니까? 저는 죽을지언정 주를 부인하지 않습니다.' 베드로의 마음은 정말 그랬습니다. 문제는, 베드로의 마음이 약하고 악했습니다.

그날 밤 베드로는 예수님을 세 번 부인했습니다. 예수님은 베드로에게 그가 어떤 사람인지 가르치셨습니다. 베드로가 예수님을 세 번 부인한 뒤 자신이 어떤 인간인지 깨달았습니다. '내가 세 번이나 예수님을 모른다고 했구나. 내가 이런 인간이었구나! 어리석게 이런 나를 믿고 살았구나….' 그때부터 베드로가 달라지기 시작했습니다.

예수님이 부활하신 뒤 갈릴리 바닷가에서 베드로를 다시 만나셨습니다. 예수님이 베드로에게 물으셨습니다.

"요한의 아들 시몬아, 네가 나를 사랑하느냐?"

베드로가 대답했습니다.

"내가 주를 사랑하는 줄 주께서 아시나이다."

이전 같으면 "내가 주를 사랑합니다!"라고 했을 것입니다. 베드로가 예수님을 사랑하지만, 그런 자신을 믿을 수 없으니까 사랑한다고 말할 수 없었습니다. 자신이 주를 사랑하는 줄 예수님이 아신다고 했습니다. 베드로가 자기 마음을 믿는 데에서 떠나 예수님을 믿었습니다. 예수님이 베드로에게 "내 양을 먹이라." 하셨습니다. 예수님이 하신 말씀이 베드로 마음에 들어와 그 일을 하게 했습니다. 베드로가 자기 마음이 아닌 예수님의 마음으로 살았습니다.

많은 사람들이 예수님의 말씀보다 자기 생각이 옳다고 생각합니다. 그래서 자기 생각을 선택하고 예수님의 말씀을 버립니다. 하나님은 자기 생각을 버리고 예수님의 말씀을 선택하는 사람을 찾고 계십니다. 우리를 그런 사람으로 만들고 계십니다. 그런 사람이라야 하나님이 쓰실 수 있습니다.

# 113강

# 아버지의 원대로 하옵소서

"이에 예수께서 제자들과 함께 겟세마네라 하는 곳에 이르러 제자들에게 이르시되 '내가 저기 가서 기도할 동안에 너희는 여기 앉아 있으라' 하시고 베드로와 세베대의 두 아들을 데리고 가실새 고민하고 슬퍼하사 이에 말씀하시되 '내 마음이 심히 고민하여 죽게 되었으니 너희는 여기 머물러 나와 함께 깨어 있으라' 하시고 조금 나아가사 얼굴을 땅에 대시고 엎드려 기도하여 가라사대 '내 아버지여, 만일 할 만하시거든 이 잔을 내게서 지나가게 하옵소서. 그러나 나의 원대로 마옵시고 아버지의 원대로 하옵소서' 하시고 제자들에게 오사 그 자는 것을 보시고 베드로에게 말씀하시되 '너희가 나와 함께 한시 동안도 이렇게 깨어 있을 수 없더냐? 시험에 들지 않게 깨어 있어 기도하라. 마음에는 원이로되 육신이 약하도다' 하시고, 다시 두 번째 나아가 기도하여 가라사대 '내 아버지여, 만일 내가 마시지 않고는 이 잔이 내게서 지나갈 수 없거든 아버지의 원대로 되기를 원하나이다' 하시고"(마 26:36~42)

**내 마음이 심히 고민하여 죽게 되었으니…**

우리가 육체를 가지고 있어서 생기는 어려움이 많습니다. 잠을 자야 하고, 밥을 먹어야 하고, 피곤하면 쉬어야 하고, 욕망에 이끌려야 하고…. 육체의 소욕들 때문에 하나님의 말씀을 따라갈 수 없어서 우리가 육체로 인해 느끼는 고통이나 괴로움이 많습니다.

예수님은 하나님의 뜻을 이루기 위해 육체를 입고 이 땅에 오셨습니다. 예수님이 죽음을 앞두고 잠시 후면 당해야 할 십자가와 가시관 등 육체의 고통을 생각하셨습니다. 예수님이 잡히시기 전, 겟세마네 동산에서 기도하셨습니다. 베드로와 요한과 야고보에게 "내 마음이 심히 고민하여 죽게 되었으니 너희는 여기 머물러 나와 함께 깨어 있으라." 하시고, 조금 나아가서 얼굴을 땅에 대고 엎드려 기도하셨습니다.

"내 아버지여, 만일 할 만하시거든 이 잔을 내게서 지나가게 하옵소서."

예수님은 십자가를 피하시고 싶었습니다. 그러나 하나님의 뜻을 거스르면서 피하시고 싶지는 않았습니다.

"그러나 나의 원대로 마옵시고 아버지의 원대로 하옵소서."

예수님이 가지신 고민과 근심이 우리에게도 있습니다. 성경은,

육체의 소욕은 성령을 거스르고 성령의 소욕은 육체를 거스른다고 했습니다. 우리가 하나님의 뜻을 따를 때 육체가 제재를 당합니다. 반대로 육체를 따르면 하나님을 거스르게 됩니다.

마태복음 4장에서 마귀가 예수님을 시험했습니다. 천하만국과 그 영광을 보이며, 자기에게 절하면 십자가를 지지 않아도 자신이 차지한 권세를 다 주겠다고 했습니다. 예수님이 십자가를 지는 것이 부담스러워서 마귀가 한 말대로 하려면, 하나님의 귀한 뜻을 저버리고 하나님께 불순종해야만 가능합니다. 예수님은 마귀의 시험을 물리치고 십자가를 지기로 하셨습니다. 고난과 아픔과 슬픔의 잔을 마심으로 말미암아 온 인류를 구원하고, 영광스런 하나님의 보좌 우편에 앉기로 하셨습니다.

**"너희 안에 이 마음을 품으라. 곧 그리스도 예수의 마음이니, 그는 근본 하나님의 본체시나 하나님과 동등됨을 취할 것으로 여기지 아니하시고 오히려 자기를 비어 종의 형체를 가져 사람들과 같이 되었고 사람의 모양으로 나타나셨으매 자기를 낮추시고 죽기까지 복종하셨으니 곧 십자가에 죽으심이라."(빌 2:5~8)**

예수님은 십자가의 고난을 당하심으로 말미암아 우리를 구원하시고, 하나님의 영광을 나타내시는 놀라운 일을 이루셨습니다.

### 이제부터 네 말을 듣지 않고 저분 말씀을 따를 거야

우리도 하나님의 뜻을 행하려고 하면 육신의 고난을 겪을 때가 있습니다. 반대로, 육신의 쾌락에 사로잡혀서 영원한 멸망으로 가는 사람이 얼마나 많은지 모릅니다.

요한복음 5장에 나오는 38년 된 병자 이야기가 언젠가 저에게 놀라운 지혜를 가르쳐 주었습니다. 38년 된 병자가 베데스다 연못가에 누워 있었습니다. 이 병자는 자기 육신의 요구를 따라 살았습니다. 그렇게 사는 것이 잘못된 줄도 몰랐습니다. 그렇게 살다가 어느 날 예수님을 만났습니다. 예수님이 38년 된 병자에게 말씀하셨습니다.

"네가 낫고자 하느냐?"

병자가 대답했습니다.

"주여, 물이 동할 때에 나를 못에 넣어줄 사람이 없어 내가 가는 동안에 다른 사람이 먼저 내려가나이다."

예수님이 말씀하셨습니다.

"일어나 네 자리를 들고 걸어가라."

병자는 그때까지 육신이 요구하는 대로, 자기 속에서 일어나는 생각을 따라 살았습니다. 몸이 병들어 육신의 요구를 다 들을 수 없으면, 들을 수 있는 만큼 행하며 살았습니다. 그런데 그때까지 들어왔던 육신의 요구나 생각과 전혀 다른 말씀을 예수님이 하셨습니다. 속에서 반발이 일어났습니다. '일어나서 자리를 들고 걸어가라고? 걸을 수 있으면 이렇게 누워 있겠어?' 그런데 누구도 자기에게 그렇게 말한 적이 없었기에 예수님의 말씀대로 일어나 걸어보고 싶었습니다. 하지만 자기 생각이 말했습니다.

'너는 걸을 수 없어. 네 다리는 다 말랐어. 네가 걸으려고 했지만 못 걸은 지 오래됐잖아. 걷는 것은 불가능해.'

전에는 속에서 올라오는 생각을 거스를 힘이 병자에게 없었습니다. 자기 속에서 일어나는 생각을 따라 살았습니다. 그런데 예수님의 말씀을 듣고 난 뒤 처음으로 자신의 삶을 돌아보았습니다.

'내가 한평생 내 생각을 따라 살았어. 그 결과로 지금처럼 병들어서 더럽게 지내며 비참하게 살고 있고. 내 생각을 따라 살아서 좋은 게 뭐지? 더러움, 괴로움, 비참함, 이런 것들뿐이잖아. 이제 내 생각을 따라가지 않을 거야. 더이상 이렇게 살고 싶지 않아. 오늘부터 저분 말씀을 따라갈 거야.'

다른 생각이 올라와서 말했습니다.

'저 사람 말을 따른다고? 지금 네 몸으로 일어나서 자리를 들고 걸어간다는 게 말이나 돼? 말이 되는 이야기를 따라야지. 쓸데없이 마음 들뜨지 말고 그냥 누워 있어. 괜히 고생만 해. 그냥 누워 있어. 이게 너의 운명이야.'

병자가 다시 생각했습니다.

'네가 한 말이 맞는 것 같다. 그렇지만 네 말을 따라가서 좋은 게 뭐가 있어? 병들어 더러운 몸, 비참한 삶, 고통과 절망밖에 없잖아. 이제부터 나는 네 말을 듣지 않고 저분 말을 들을 거야. 망하더라도 저분 말씀을 따를 거야.'

38년 된 병자가 예수님이 하신 말씀을 따르기로 했습니다. '저분이 나에게 일어나라고 했지' 하고 일어나려고 몸을 일으켰습니다. 그러자 놀라운 일이 일어났습니다. 몸이 일으켜졌습니다. '그리고 자리를 들고 걸어가라고 하셨지.' 병자가 예수님이 하신 말씀대로 자리를 들고 걸어가려고 발을 움직였습니다. 그러자 걸어졌습니다. 자리를 들고 걸어갔습니다. 예수님이 하신 말씀이 그의 다리에 힘을 주어 일어나게 했고, 자리를 들고 걸어가게 했습니다.

**십자가를 지실 마음도, 고난을 이길 힘도 하나님께로부터 얻었다**

예수님은 겟세마네 동산에서 다가올 고난을 생각하며 기도하셨습니다. 당할 고난을 생각할 때 고통스러웠습니다. 그 길을 피하고 싶었습니다. 그러나 하나님의 뜻을 거스르며 피하고 싶지는 않았습니다. 예수님은 자신의 원함을 내려놓고 하나님의 뜻을 따라가셨습니다. 육체는 십자가를 지는 것이 말할 수 없이 고통스러웠지만, 육체가 원하는 것을 따르지 않고 하나님의 뜻을 따르기로 하셨습니다.

"내 아버지여, 만일 할 만하시거든 이 잔을 내게서 지나가게 하옵소서. 그러나 나의 원대로 마옵시고 아버지의 원대로 하옵소서."

예수님은 육신의 고통과 육신의 요구를 이기셨습니다. 예수님의 원대로 하지 않고 하나님의 뜻대로 이루어지길 바라셨습니다. 하나님의 뜻대로 십자가를 지고 가셨습니다. 가시관을 쓰시고 채찍으로 맞으셨습니다. 십자가에 못박혀 죽으셨습니다. 말로 표현할 수 없는 고난과 고통을 겪으셨습니다. 하나님께서 그 모든 것을 이길 힘을 주셨습니다.

우리가 복음을 위해 사는 동안 많은 고난이 찾아오지만, 하나님이 그 고난을 이길 힘을 주십니다. 슬픔을 당할 때 슬픔을 이길 힘을 주시고, 두려운 일을 당할 때 두려움을 이길 힘을 주십니다. 유혹을 받을 때 그 유혹을 이길 힘을 주십니다. 하나님은 우리가 어떤 일을 감당할 힘을 주시지 않은 때가 없습니다.

예수님은 십자가를 지실 마음을 하나님께로부터 얻고, 고난을 이길 힘도 하나님께로부터 얻었습니다. 하나님의 뜻대로 십자가에 못박혀 우리를 죄에서 구원하시는 놀라운 일을 이루셨습니다. 예수님이 십자가를 두려워하지 않고 하나님의 귀한 뜻을 이루신 것처럼, 우리 또한 그 길을 걸을 때가 있습니다. 분명히 고난이 있는 길이지만 하나님이 힘을 주셔서 그 고난을 이기도록 이끄시는 것이 너무 놀랍습니다.

예수님이 하나님의 뜻대로 십자가를 지기로 하셨을 때 하나님께서 그 고통을 이길 힘을 주셨습니다. 그리고 죽음을 이길 힘도 허락하셨습니다. 십자가에 못박혀 죽으셨다가 사흘 만에 부활하셨을 때 그 영광이 얼마나 놀랍습니까! 그 역사를 어떻게 말로 다 표현할 수 있겠습니까! 참으로 복되고 복된 일이 아닐 수 없습니다.

**그러나 하나님의 뜻을 따라 십자가 앞으로 담대히 나아가면**

예수님이 십자가를 지신 일을 기억하시기 바랍니다. 예수님처럼 우리가 하나님의 뜻을 이루려고 할 때 어려움과 고난이 기다리고 있어서 두려울지 모릅니다. 그러나 두려워하지 마십시오. 그 길을 가면 하나님이 우리에게 어려움과 고난을 이길 힘을 주십니다. 그래서 실제로 하나님의 뜻을 행하는 사람들은 고난을 당해도 전혀 고통스럽지 않습니다.

언젠가 제가 리처드 범블란트가 쓴 책을 읽었습니다. 그는 루마니아에 사는 사람이었습니다. 한번은 범블란트 내외가 여행을 떠났습니다. 그런데 알 수 없는 힘에 이끌려 어느 산골짜기로 갔습니다. 산 위에 조그마한 집이 있어서 그 집 문을 두드렸습니다. 나이가 많은 주인 부부가 나와, 범블란트 내외가 말했습니다.

"저희는 여행 중인데 잠잘 곳이 필요합니다. 오늘 밤 저희를 재워 주실 수 있습니까?"

노부부가 두 사람에게 들어오라고 했습니다. 그리고 그들이 지낼 방으로 안내했습니다. 노부부는 거듭난 사람들로, 오랫동안 하나님께 기도한 것이 있었습니다.

"하나님, 우리는 일생 동안 하나님을 섬겼습니다. 우리가 죽으면 하나님께서 우리에게 상을 주실 줄 믿습니다. 그런데 우리는 이 땅에서도 하나님의 상을 받고 싶습니다. 예수님은 유대인으로 나셨으니, 우리 부부가 복음을 전해서 유대인이 구원받도록 해주십시오. 그러면 그것이 하나님께서 우리에게 주신 상인 줄 알겠습니다. 그런데 하나님, 우리 마을에는 유대인이 없습니다. 우리는 너무 늙어서 유대인을 찾아갈 만한 힘도 없습니다. 유대인 한 사람을 우리 집으로 보내주십시오."

그렇게 기도하고 있는데 범블란트 내외가 그 집 문을 두드렸습니다. 그리고 범블란트가 자신은 유대인이라고 말했습니다. 그 말을 듣고 노부부가 눈물을 흘리며 어찌할 줄을 몰랐습니다. 그날 밤 잠을 자고, 이튿날 아침에 범블란트 내외가 노부부에게 복음을 들었습니다. 그리고 구원을 받았습니다. 그 후 리처드 범블란트는 복음을 위해 살았습니다.

리처드 범블란트가 공산국가였던 루마니아에서 복음을 전하다가 사로잡혀서 많은 고난을 당했습니다. 고문하는 사람들이 그를 거꾸로 매달아 놓고, 주전자에 담긴 고춧가루 물을 코에 부었습니다. 범블란트가 이렇게 썼습니다.

'하루는 나를 거꾸로 매달고 코에 고춧가루 물을 붓더니 바로 세웠

다. 뭐가 잘못되었나 생각했다. 금방 누웠다가 바로 섰는데, 시계를 보니 2시간이 지나 있었다.'

하나님께서 그렇게 범블란트가 고통을 이길 수 있도록 해주셨습니다.

하나님은 예수님이 십자가에 못박히는 길을 선택하셨을 때 그 고통을 이길 힘을 주셨습니다. 우리도 복음을 위해 달려가면 시련과 고난이 찾아옵니다. 그러나 그것을 이기기에 충분한 힘을 하나님이 주십니다. 또한 우리 마음에 기쁨을 주십니다.

고난이 두렵고, 슬픈 일을 당할 것이 두려워서 십자가를 지지 못하는 경우가 많습니다. 그러나 하나님의 뜻을 따라 십자가 앞으로 담대히 나아가면 하나님이 그 모든 것을 능히 이길 힘을 주십니다. 우리에게 은혜와 축복을 더하여 주십니다.

누구나 고난과 시련 앞에 서면 두렵고 싫은 마음이 듭니다. 예수님이 그러셨습니다. 그러나 그 마음을 따르지 않고 하나님의 뜻을 따르면, 하나님께서 이길 힘을 분명히 주십니다. 그 힘으로 하나님의 뜻을 이루도록 하나님이 은혜와 긍휼을 베푸십니다.

## 114강

# "랍비여, 안녕하시옵니까?" 하고 입을 맞추니

"말씀하실 때에 열둘 중에 하나인 유다가 왔는데 대제사장들과 백성의 장로들에게서 파송된 큰 무리가 검과 몽치를 가지고 그와 함께하였더라. 예수를 파는 자가 그들에게 군호를 짜 가로되 '내가 입맞추는 자가 그이니 그를 잡으라' 하였는지라. 곧 예수께 나아와 '랍비여, 안녕하시옵니까?' 하고 입을 맞추니, 예수께서 가라사대 '친구여, 네가 무엇을 하려고 왔는지 행하라' 하신대 이에 저희가 나아와 예수께 손을 대어 잡는지라."(마 26:47~50)

**내 생명처럼 사랑한 형제가 어떻게 나를 대적할 수 있지?**
시편에 보면, 다윗의 시 가운데 이런 내용이 있습니다.

"나의 신뢰하는바 내 떡을 먹던 나의 가까운 친구도 나를 대적하여 그 발꿈치를 들었나이다."(시 41:9)

우리가 복음을 전할 때 사탄이 많은 방법으로 방해합니다. 그 가운데 하나가 우리를 실망시키는 것입니다. 우리가 믿고 신뢰했던 형제나 자매가 우리를 모함하고 대적하고 핍박하게 하여 우리 마음을 낙심하게 만들려고 합니다.

예수님이 잡히시기 전 겟세마네 동산에서 기도하실 때 제자들은 자고 있었습니다. 얼마 뒤, 가룟 유다가 군사들을 이끌고 와서 예수님이 잡혀 가셨습니다. 제자들은 다 도망가고, 잠시 후 베드로는 예수님을 세 번 부인했습니다. 예수님이 십자가에 못박히시는 고난도 크지만, 사탄은 제자들을 통해 예수님의 마음에 고통을 주려고 했습니다. 예수님이 실망할 수밖에 없는 상황을 만들었습니다.

제가 복음을 전하며 사는 동안에도 그런 일이 많았습니다. 제가 복음을 전한 사람들이 제 마음에 아픔을 가져다주었습니다. 저는 처음에 복음만 전하면 되는 줄 알았습니다. 사람들이 구원받아서 너무 기뻤습니다. 구원받은 사람들과 함께 말씀을 나누며, 그들이 점점 변하는 모습을 보는 것이 정말 즐겁고 행복했습니다. 마치 엄마가 아기를 위하는 것처럼 저도 저를 통해 복음을 듣고 구원받은 형제 자매들을 위하며, 그들이 성장해 가는 모습을 보는 것이 한없이 행복했습니다. 세상 무엇과도 바꿀 수 없는 행복 속에 마음이 젖곤 했습니다.

계속 복음을 전해 구원받는 사람들이 늘었습니다. 술에 빠진 사람, 도박에 빠진 사람, 죄에 빠진 사람들이 하나하나 구원받고 돌아올 때마다 뜨겁게 감격스럽고 기뻤습니다. 함께 굶기도 하고, 함께 고생도 하며 복음의 일들을 했습니다. 그런데 세월이 흐르면서, 저와 다른 의견을 가진 성도들이 일어나기 시작했습니다. 그들이 사탄이 넣어주는 생각에 휩쓸려 어느 날 저를 대적하는 것을 보았습니다. 그 일을 어떻게 해석해야 할지 몰라 고통스러웠습니다.

'그 형제가 어떻게 그럴 수 있지? 우리가 서로 마음으로 얼마나 사랑했는데…. 내가 내 생명처럼 사랑한 형제가 어떻게 나를 대적할 수 있지?'

제가 처음 복음을 전할 때에는 많이 가난했습니다. 먹을 것이 없어서 배가 고프고, 버스비가 없어서 걸어다니고, 연탄이 없어서 겨울에 춥게 지내는 것이 어려움이었습니다. 세월이 흘러가면서 형제 자매들이 많아져 제 삶도 많이 좋아졌습니다. 굶거나 여비가 없어서 걸어다니는 어려움은 겪지 않았습니다. 대신 다른 어려움을 겪었습니다. 몇몇 형제나 자매가 저와 교회를 대적하고 일어났습니다. 그런 일을 겪을 때마다 말할 수 없이 고통스러웠습니다. 사탄은 나를 실망하게 만들려고 했습니다.

**만물보다 거짓된 마음을 단속해야 하는데…**

교회를 대적하는 형제들을 분석해 보면, 다 자기를 믿는 마음을 가진 사람들이었습니다. 자신을 믿기 때문에 사탄이 어떤 생각을 넣어 주면 그 생각이 옳은 줄 알고 그 길로 달려갔습니다. 성경은 우리 속에 선한 것이 없다고 말합니다. 그렇기 때문에 우리가 자신의 생각을 믿어야 하는 것이 아니라 하나님의 말씀을 믿고 살아야 합니다.

가룟 유다의 마음에 예수님을 팔고 싶은 생각이 일어났습니다. 그것은 사탄이 넣어준 생각이었습니다. 유다는 그 생각이 자기 생각인 줄 알았습니다. 유다는 자신을 믿고 살았기 때문에 사탄이 넣어준 생각이 자기 생각인 줄 알고 거기 이끌렸습니다. 어느 날 가룟 유다가 대제사장 집으로 발걸음을 옮기고 있었습니다. 그때 유다 마음이 어땠을지 제가 생각해 보았습니다.

'내가 지금 어디를 가고 있지? 왜 대제사장을 찾아가지? 예수님을 팔러 가잖아. 내가 미친 거 아냐?' 그때 유다가 돌이킬 수 있는 기회가 있었을 것입니다. 그런데 다시 다른 생각이 올라왔습니다. '이왕 옮긴 걸음, 일단 가자.' 유다가 대제사장 집에 가서 대제사장을 만나 이야기했습니다.

"내가 예수님을 넘겨주려고 합니다."

그렇게 말할 때에도 거리끼는 마음이 올라왔을 것입니다. 거기서 멈추었으면 돌이킬 수 있는 기회를 가질 수 있었을 것입니다. 하지만 다시 다른 생각이 올라왔습니다. '이젠 늦었어. 돌이킨다 해도 소용없어. 예수님에게 있는 대로 말씀드리면 나를 싫어하고 내치실 거야.' 한편으로는 예수님을 팔아서 돈을 두둑이 받을 것을 생각하면 즐거웠습니다.

대제사장이 유다에게 은 30을 달아서 주었습니다. 묵직했을 것입니다. 유다가 그 돈을 들고 대제사장 집에서 나왔습니다. 그때부터 예수님을 넘겨줄 기회를 엿보았습니다. 그러면서도 마음 한쪽이 괴로웠을 것입니다. 가룟 유다가 예수님께 마음을 열었다면 예수님이 그에게 은혜와 긍휼을 베푸셨을 것입니다. 그러나 유다는 자기 속에서 올라오는 생각을 계속 따라갔습니다. '이젠 정말 늦었어. 은 30까

지 받았잖아. 너무 멀리 왔어. 그냥 파는 거야.'

예수님이 잡히시던 날 밤, 가룟 유다가 무리를 이끌고 예수님을 잡으러 겟세마네 동산으로 왔습니다. 유다가 예수님에게 입을 맞추었습니다. '내가 입맞추는 자를 잡으라'고, 예수님을 잡으러 온 무리와 사전에 약속이 되어 있었습니다. 입맞춤은 사랑의 표시지만 가룟 유다는 예수님을 팔 목적으로 입을 맞추었습니다. 가장 간교한 입맞춤이었습니다.

출애굽기 21장에 보면, 받는 버릇이 있는 소는 잘 단속해야 한다고 했습니다. 소가 받는 버릇이 있는 줄 알고도 단속하지 않아서 사람을 받아 죽이면, 소도 죽이고 그 주인도 죽이라고 했습니다. 만물보다 거짓되고 심히 부패한 것이 마음이기 때문에 우리가 자기 마음을 단속해야 합니다. 가룟 유다는 자신의 마음을 단속하지 못했습니다. 오히려 자기 마음을 강하게 믿어, 마음에 드는 생각대로 흘러가 예수님을 팔았습니다. 그래서 멸망의 길로 갔습니다.

우리 또한 마음을 단속하지 못하면 가룟 유다가 걸어간 길을 걷게 됩니다. 우리가 신앙생활을 할 때 자신이 어떤 사람인지 먼저 알아야 합니다. 자신을 사랑하기 때문에 쉽게 용납해서 그렇지, 우리 속에는 정말 악하고 더러운 것이 아주 많습니다. 자기 마음에 드는 생각을 대수롭지 않게 여겨 '예수님을 팔아서 돈을 가지면 좋지'라고 생각하면 멸망의 길을 가게 됩니다. 아간이 그 길을 걸었고, 사울 왕도 그 길을 걸었습니다.

아프리카에 가면 말라리아가 있습니다. 말라리아모기 주둥이에 말라리아 균이 있어서 모기가 사람을 물 때 균이 사람 몸 안으로 들어

갑니다. 적은 말라리아 균입니다. 그 균이 사람 몸 안에 있다가 어느 정도 시간이 지나면 번식하기 시작해 순식간에 아주 많은 말라리아 균이 만들어집니다. 처음 균이 들어올 때에는 얼마 되지 않으니까 몸에 고통이 없지만, 엄청나게 번식해서 몸을 공격하면 굉장히 고통스럽습니다. 목숨을 잃는 사람도 많습니다.

어느 날 가룟 유다의 마음에 예수님을 팔고 싶다는 생각이 들었습니다. 마귀가 넣어준 그 생각을 유다는 별것 아니라고 여겼습니다. '이런 생각 좀 한다고 문제가 되겠어?' 그 생각이 자라서 결국 예수님을 팔고 자신은 멸망의 길로 가게 될 줄 몰랐습니다.

우리 마음에 예수님과 다른 생각을 용납해서는 안 됩니다. '내 속에 왜 이런 악한 마음이 있지? 내가 이 마음을 가지고 있으면 멸망을 당하겠다.' 이처럼 두려워하며 악한 생각을 몰아내야 합니다. 처음에는 별것 아닌 것처럼 보이지만, 마음에서 번식하면 우리를 송두리째 삼키고 맙니다. 우리가 고통과 저주의 길을 걷게 됩니다.

처음부터 술주정뱅이는 없습니다. 처음부터 도박꾼도 없고, 마약 중독자도 없습니다. 그런 것들을 조금씩 받아들이다 보면, 어느 날 술주정뱅이가 되고 도박꾼이 되고 마약 중독자가 됩니다. 인생이 비참하게 전락하고 맙니다.

우리 마음에서 예수님과 다른 악한 생각이 올라오는데 그것을 이길 수 없을 때 "예수님, 저를 불쌍히 여겨 주십시오! 무서운 마음이 내 속에 자리를 잡았는데 쫓아낼 수가 없습니다. 이 마음 때문에 제가 저주를 받겠습니다. 이 마음을 내쫓아 주십시오."라고 간구해야 합니다.

## 아무리 늦어도 예수님께로 돌아가는 길은 있다

기독교 역사를 읽어 보면, 성도들이 핍박을 받을 때 정말 두려운 존재는 핍박하는 자들이 아니라 함께 지내던 자들이었습니다. 같이 예수님을 믿은 형제요 자매였는데, 어느 날 배반해 성도들을 밀고해서 죽음의 길로 이끌어 갔습니다. 저도 복음을 전하면서 다른 사람이 아닌 내가 복음을 전한 사람, 함께 기뻐하던 사람이 어느 날 사탄 편에 서서 우리를 대적하고 복음의 일들을 가로막는 것을 보았습니다. 누가 예수님을 팔았습니까? 누가 예수님을 부인했습니까? 예수님의 제자들이었습니다. 사탄은 지금도 구원받은 성도들의 마음에 역사해서, 사람들이 자신도 모르는 사이에 하나님을 거스르고 대적하는 자가 됩니다.

예수님은 부활하신 뒤, 당신을 버리고 도망하고 당신을 부인한 제자들을 사랑으로 감싸 귀한 복음의 일꾼으로 만드셨습니다. 얼마나 놀라운 일인지 모릅니다! 우리가 하나님께로 돌아가는 데에는 결코 늦은 때가 없습니다. 가룟 유다가 예수님을 팔려는 생각을 가졌을 때 돌이키면 좋았습니다. 그때 못 돌이켰다 해도, 예수님을 팔려는 생각으로 대제사장 집으로 가는 길에 돌이키면 됐습니다. 그때 못 돌이켰으면 최후의 만찬 자리에서 예수님이 "너희 중에 한 사람이 나를 팔리라." 하셨을 때 돌이키면 됐습니다. 예수님을 판 뒤에도 십자가 아래 가서 돌이키면 됐습니다.

회개는 언제라도 좋습니다. 예수님께로 돌아가는 길은 언제든지 갈 수 있습니다. 가면 늦지 않습니다. 물론, 일찍 돌아갈수록 좋습니다. 그러나 아무리 늦어도 예수님께로 돌아가는 길은 있습니다. 예수님이 십자가에 못박혀 죽고 부활하신 뒤 가룟 유다가 예수님을 찾아가도 늦지 않았습니다.

"예수님, 제가 당신을 팔았습니다. 저를 불쌍히 여겨 저에게 긍휼을 베풀어주십시오!"

예수님이 유다에게 뭐라고 말씀하시겠습니까?

"네가 지금이라도 돌아와서 정말 기쁘다."

이렇게 말씀하셨을 것입니다.

우리 선교회에도 목사님들이 많습니다. 그분들 가운데 때때로 교회를 떠나고, 사탄에게 사로잡혀서 교회를 대적하는 사람도 있습니다. 그렇게 지내다 돌아오면 저는 너무 반가웠습니다.

"진작 돌아오지 그랬어? 그동안 얼마나 고통스러웠어? 우리는 원래 그런 인간이야."

우리는 회개하고 예수님께로 돌아갈 수 있습니다. 우리가 돌이키려는 마음을 가지면 사탄은 늦었다고 말합니다. '네가 이미 예수님을 팔았잖아. 돈을 받았잖아. 예수님이 십자가에 못박히잖아.' 가룟 유다가 예수님을 팔기 전에 돌아오면 좋습니다. 대제사장에게 은을 받기 전에 돌아오면 더 좋고요. 은을 받았다 해도 다시 가져다주고 돌아오면 됩니다.

"예수님 파는 일을 안 합니다. 당신은 대제사장이면서 어떻게 선생을 팔라고 합니까? 나는 이 길을 가지 않겠습니다."

그랬으면 얼마나 은혜로웠겠습니까?

다윗이 죄를 범하고 돌이켰을 때 하나님께서 그를 받으셨습니다. 베드로가 예수님께 "형제가 내게 죄를 범하면 몇 번이나 용서하여 주리이까? 일곱 번까지 하오리이까?"라고 물었을 때, 예수님께서 "일흔 번씩 일곱 번이라도 할지니라."라고 하셨습니다. 우리가 예수님께로 돌아가면 예수님은 언제든지 은혜와 긍휼을 베푸십니다.

　인간은 다 악한 마음을 가지고 태어났습니다. 우리는 멸망을 당하기로 작정된 사람들이었습니다. 그래서 우리 마음을 버리고 예수님의 마음을 받아들였습니다. 구원받은 뒤에도 자신의 마음을 믿고 자기 생각대로 흘러갈 때가 있습니다. 잘못된 길로 들어설 때가 있습니다. 그때 예수님께로 돌이켜야 합니다. 그런데 많은 사람들이 예수님의 사랑을 의심합니다. '예수님이 나를 받아주시지 않을 거야. 나에게 은혜를 베푸시지 않을 거야. 나를 기뻐하시지 않을 거야.' 사탄은 마지막까지 우리 마음에 이런 생각을 집어넣습니다. 그래서 예수님께 돌아가지 못하게 만듭니다.

　우리는 예수님을 믿어야 합니다. 예수님은 언제든지 우리를 받으신다는 사실을 믿어야 합니다. 예수님이 우리를 사랑하신다는 사실을 믿어야 합니다. 예수님께 돌아가면 언제든지 소망이 있습니다. 사탄은 속입니다. '너무 늦었어! 이젠 안 돼!' 그 소리를 듣고 돌이키지 않고 그냥 잘못된 길을 가는 사람이 많습니다. 어떤 잘못을 했든지 하나님께로 돌이켜야 합니다. 그러면 은혜를 입을 수 있습니다. 하나님의 크신 사랑이 우리를 복되게 살게 합니다.

## 115강

# 바라바냐,
# 그리스도라 하는 예수냐?

"명절을 당하면 총독이 무리의 소원대로 죄수 하나를 놓아 주는 전례가 있더니 그때에 바라바라 하는 유명한 죄수가 있는데 저희가 모였을 때에 빌라도가 물어 가로되 '너희는 내가 누구를 너희에게 놓아주기를 원하느냐? 바라바냐, 그리스도라 하는 예수냐?' 하니 이는 저가 그들의 시기로 예수를 넘겨준 줄 앎이러라. 총독이 재판 자리에 앉았을 때에 그 아내가 사람을 보내어 가로되 '저 옳은 사람에게 아무 상관도 하지 마옵소서. 오늘 꿈에 내가 그 사람을 인하여 애를 많이 썼나이다' 하더라. 대제사장들과 장로들이 무리를 권하여 바라바를 달라 하게 하고 예수를 멸하자 하게 하였더니, 총독이 대답하여 가로되 '둘 중에 누구를 너희에게 놓아 주기를 원하느냐?' 가로되, 바라바로소이다."(마 27:15~21)

## 너희는 내가 누구를 너희에게 놓아주기를 원하느냐?

마태복음은 마지막에 예수님의 죽음과 부활을 이야기합니다. 이 내용이 마태복음의 정점이라고 해도 과언이 아닙니다. 세상에 있는 많은 문제들이 예수님의 죽음으로 다 해결될 수 있으며, 예수님이 십자가에 못박혀 죽었다가 부활하심으로 말미암아 우리가 소망과 힘을 얻을 수 있습니다.

마태복음 27장에서 예수님이 당시 유대 총독이었던 빌라도에게 넘겨졌습니다. 대제사장들과 장로들이 빌라도 앞에서 예수님을 고소했지만 예수님은 아무 말씀도 하시지 않았습니다. 빌라도가 물어도 대답하시지 않았습니다. 예수님은 이미 죽임을 당하기로 마음을 정하셨기 때문입니다.

그때는 유대인의 큰 명절인 유월절 기간이었습니다. 명절을 당하면, 유대를 다스리는 총독이 유대인들의 소원대로 죄수를 하나 풀어 주는 전례가 있었습니다. 빌라도가 유대인들이 예수님을 싫어해서 자신에게 넘겼다는 사실을 알았기에, 유대인들이 모인 자리에서 물었습니다.

"너희는 내가 누구를 너희에게 놓아주기를 원하느냐? 바라바냐, 그리스도라 하는 예수냐?"

바라바는 민란을 일으키고 사람을 죽인 유명한 죄수로, 반드시 죽어야 할 사람이었습니다. 빌라도는 가장 흉악한 죄수와 예수님 중 누구를 택하겠느냐고 사람들에게 물은 것입니다. 유대인들은 대제사장들과 장로들의 이야기를 듣고 바라바를 선택했습니다. 빌라도가 물었습니다.

"그러면 그리스도라 하는 예수를 내가 어떻게 하랴?"

무리가 일제히 소리쳤습니다.

"십자가에 못박혀야 하겠나이다."

### 바라바의 운명은 예수님의 운명과 겹쳐 있었다

예수님이 죽임을 당하심으로 죽어야 할 바라바가 살아났습니다. 우리 운명과 같습니다. 만일 예수님이 우리 죄의 값을 치르기 위해 십자가에 못박히시지 않았다면 누가 우리 죄를 대신하겠습니까? 그렇게 할 수 있는 사람은 아무도 없습니다. 그렇기 때문에 우리가 심판을 받아야 합니다. 반대로 예수님이 우리 죄 때문에 죽으셨다면 우리가 죄로 인해 죽어야 할 이유가 없습니다.

바라바의 운명은 예수님의 운명과 겹쳐 있었습니다. 예수님이 살면 자기는 죽고, 예수님이 죽으면 자기는 살았습니다. 바라바에게 가장 기쁜 소식이 무엇이겠습니까? 예수님이 죽는 것이었습니다. 예수님이 죽게 되면 자신은 살 수 있었습니다. 놀랍게도, 유대인들은 빌라도에게 예수님이 십자가에 못박혀야 한다고 했습니다. 예수님이 죽임을 당한다는 소식은 바라바에게 자신은 산다는 소식이었습니다.

예수님이 십자가에 못박히셨습니다. 예수님이 죽임을 당하셨습니다. 이것은 우리에게 놀라운 소식이 아닐 수 없습니다. 우리 선교회의 이름이 '기쁜소식선교회'입니다. 우리에게 기쁜 소식이 무엇입니까? 예수님이 십자가에 못박혀 죽으셨다는 소식입니다. 그 소식을 듣는 순간 '그럼 우리는 사네. 예수님이 우리 대신 죽으셨으니 우리는 사는 거야. 우리는 심판을 받지 않아도 되고, 멸망을 당하지 않아도 돼'라는 사실이 확정됩니다.

바라바에게 예수님의 죽음은 한없이 기쁜 소식이었습니다. 우리에게도 예수님의 죽음은 한없이 기쁜 소식이 아닐 수 없습니다. 예수님이 죽어 바라바가 살고, 예수님이 죽으심으로 말미암아 우리가 삽니다. 바라바의 운명이 예수님의 운명과 겹쳐 있었던 것처럼, 우리 운명 또한 예수님의 운명과 겹쳐 있습니다.

**예수님이 못박히신 십자가에서 죄가, 심판이, 저주가 끝났다**

성경에서 궁극적으로 전하는 이야기는 하나입니다. "예수 그리스도가 십자가에 못박혀 죽었다." 그 죽음으로 우리 죽음이 끝났고, 우리 심판이 끝났고, 우리 저주가 끝났습니다.

구약 시대에는, 하나님께서 이 일을 미리 보여 주는 일들을 많이 허락하셨습니다. 이스라엘 백성이 애굽에서 나오던 밤에 어린 양을 죽여서 그 피를 우슬초로 찍어 문의 설주와 인방에 발랐습니다. 문에 피가 발리지 않은 집의 장자는 다 죽임을 당했고, 피가 발린 집에는 심판이 넘어갔습니다. 천사가 심판하러 왔다가 문에 발린 피를 보고 '이 집에는 죽음이 이미 임했구나' 하고 지나갔습니다.

사망이 지나간 집에는 더이상 사망이 임하지 않습니다. 더이상 심판이 일어나지 않습니다. 심판이 넘어갔다(유월逾越) 하여, 이스라엘 백성들이 그날을 기념하여 유월절을 지켰습니다. 유월절에 장자인 사람이 살려면 어린 양이 죽어야 했습니다. 양이 죽지 않으면 그 사람이 죽어야 했습니다.

예수 그리스도의 죽음에 바라바의 생명이 달려 있었습니다. 예수님이 십자가에 못박혀 죽으면 바라바는 죽지 않아도 되었습니다. 어린 양이 죽었으면 다른 사람은 죽지 않아도 되는 것입니다. 예수님의 죽음으로 바라바가 살았던 것처럼 예수 그리스도는 우리 대신 죽임을 당하셨습니다. 예수님이 못박히신 십자가에서 우리 죄가 끝나고, 심판이 끝나고, 저주가 끝났습니다.

이제 우리가 무엇을 증거해야 합니까? 예수님의 죽음을 증거해야 합니다.

"예수님이 십자가에 못박혀 피를 흘리고 죽으셨습니다. 그러니 이제 우리에게 임할 심판은 끝이 났습니다. 우리에게 임할 저주가 끝이 났습니다. 우리가 지은 모든 죄가 십자가에서 끝이 났습니다."

## 예수님의 죽음이 기쁜 소식이 되지 않는 사람들

마태복음 27장은 예수님의 죽음이 우리에게 어떤 일을 이루는지, 바라바의 이야기를 통해 우리에게 말해주고 있습니다. 오늘날 많은 사람들이 예수님을 믿는다고 하지만, 예수님의 죽음이 기쁜 소식이 되지 않는 사람들이 있습니다. 예수님이 십자가에 못박혀 죽으셨지만 아직 자기 죄가 남아 있다고 하는 사람입니다. 예수님이 저주를 받으셨지만 자신이 저주를 받을까봐 두려워하는 사람입니다. 그런 사람에게는 예수님의 죽음이 아무 의미를 가져다주지 못합니다.

사탄이 많은 사람들의 눈을 가렸습니다. 예수님이 죽어 바라바가 살았던 것처럼 예수님의 죽으심으로 우리가 삽니다. 그런데 아직도 자신이 하나님의 심판을 받아 멸망을 당해야 한다고 생각하는 사람이 헤아릴 수 없이 많습니다. 그런 사람은 예수님의 죽음이 자신에게 어떤 의미를 가지고 있는지 모르는, 바보 바라바입니다.

빌라도가 유대인들에게 물었습니다.

"너희는 내가 누구를 너희에게 놓아주기를 원하느냐? 바라바냐, 그리스도라 하는 예수냐?"

유대인들이 큰 소리로 외쳤습니다.

"바라바로소이다!"

사실, 빌라도는 예수님을 살리고 싶었습니다. 예수님이 죄가 없다는 사실을 알았습니다.

"이는 저가 그들의 시기로 예수를 넘겨준 줄 앎이러라. 총독이 재판 자리에 앉았을 때에 그 아내가 사람을 보내어 가로되 '저 옳은 사람에게 아무 상관도 하지 마옵소서. 오늘 꿈에 내가 그 사람을 인하여 애를 많이 썼나이다' 하더라."(마 27:18~19)

그러나 유대인들은 바라바를 선택했습니다. 예수님이 죽는 것이 하나님의 뜻이었기 때문입니다. 예수님이 죽지 않으면 우리가 다 멸망을 당해야 합니다. 예수님이 저주를 받지 않으면 우리가 저주를 받아야 합니다. 결국 빌라도가 바라바를 놓아 주고 예수님을 십자가에 못박게 했습니다.

"빌라도가 가로되 '그러면 그리스도라 하는 예수를 내가 어떻게 하랴?' 저희가 다 가로되 '십자가에 못박혀야 하겠나이다.' 빌라도가 가로되 '어찜이뇨? 무슨 악한 일을 하였느냐?' 저희가 더욱 소리질러 가로되 '십자가에 못박혀야 하겠나이다!' 하는지라. 빌라도가 아무 효험도 없이 도리어 민란이 나려는 것을 보고 물을 가져다가 무리 앞에서 손을 씻으며 가로되 '이 사람의 피에 대하여 나는 무죄하니 너희가 당하라.' 백성이 다 대답하여 가로되 '그 피를 우리와 우리 자손에게 돌릴지어다' 하거늘, 이에 바라바는 저희에게 놓아 주고 예수는 채찍질하고 십자가에 못박히게 넘겨주니라."(마 27:22~26)

**세상 모든 사람의 이름을 '바라바'라고 부르고 싶다**

해마다 그라시아스합창단이 미국에 있는 여러 도시에서 크리스마스 칸타타 순회공연을 가졌습니다. 공연은 3막으로 구성되었는데, 1막에서는 예수 그리스도의 탄생을 뮤지컬로 보여 줍니다. 2막에서는 가족의 소중함을 담은 뮤지컬을 선보입니다. 3막에서는 합창단이 예수님의 탄생과 관련한 노래들을 부릅니다.

2막이 끝나고 3막이 시작되기 전, 무대를 준비하는 동안 한 목사님이 나와서 성탄 메시지를 전합니다. 크리스마스는 예수님이 탄생하신 날인데 예수 그리스도의 죽음을 이야기합니다. 예수님이 죽지 않으면 이 땅에 오신 의미가 없기 때문입니다. 예수님의 탄생이 우리에게 기쁨이 되는 이유는 예수님이 십자가에 못박혀 죽으셨기 때문입니다. 예수님이 우리 대신 죽지 않았다면 우리가 무엇 때문에 예수님의 탄생을 기뻐하고 즐거워하겠습니까?

성탄 메시지를 전하는 목사님이, 예수님께서 우리 죄를 짊어지고 우리 대신 십자가에 못박혀 피를 흘리고 죽으신 이야기를 하며 관객들에게 외칩니다.

"예수님의 죽음이 여러분의 죽음을 대신했습니다. 예수님이 받은 저주가 우리가 받아야 할 저주를 끝냈습니다. 예수님이 당하신 고난과 아픔이 우리가 받을 고난과 아픔을 대신했습니다. 예수님의 죽음으로 우리 죄가 씻어졌습니다. 예수님의 죽음으로 우리가 거룩해졌고, 의로워졌습니다."

고린도전서 6장 10~11절 말씀을 인용해 우리 죄가 씻어져서 우리가 의롭고 거룩해졌다는 사실을 전합니다.

"도적이나 탐람하는 자나 술 취하는 자나 후욕하는 자나 토색하는 자들은 하나님의 나라를 유업으로 받지 못하리라. 너희 중에 이와 같은 자들이 있더니, 주 예수 그리스도의 이름과 우리 하나님의 성령 안에서 씻음과 거룩함과 의롭다 하심을 얻었느니라."(고전 6:10~11)

순회공연을 하는 동안 수만 명의 관객이 이 메시지를 듣고 눈물을 흘리고, 죄에서 벗어납니다. 공연이 끝나고, 어느 리포터가 공연장을 나오는 한 관객에게 "오늘 공연이 어땠습니까?"라고 묻자 그 사람이 이렇게 대답했습니다.

"너무 놀라웠습니다. 정말 환상적이었습니다. 그 가운데 메시지가 좋았습니다. 예수님의 죽음으로 내 죄가 씻어졌습니다. 내 마음에 진정한 성탄이 이루어졌습니다."

어떤 사람은 한 달 전에 아내가 세상을 떠나 슬픔에 젖어 지내다가, 크리스마스 칸타타 공연을 보면 위로를 받지 않을까 하여 아들과 함께 공연장을 찾았습니다. 그리고 예수님의 죽음이 자신을 죄에서 완전히 해방했다는 사실을 알았습니다. 이분은 교회에 다녔지만 죄에 매여 고통하던 분이었습니다. 예수님의 죽음이 이분의 삶을 완전히 바꾸었습니다. 이제 슬픔에 빠져 지내지 않을 수 있다고 했습니다.

저는 세상 모든 사람의 이름을 '바라바'라고 부르고 싶습니다. 바라바는 죽어야 할 죄인이었지만, 예수님의 죽음으로 살 수 있었습니다. 바라바 같은 사람이 오늘도 얼마나 많습니까? 죄를 짓고, 그 죄로 인해 괴로워하고 두려워하는 사람이 많습니다. 예수님의 죽음으로 모든 사람이 살 수 있습니다. 안타깝게도, 예수님이 십자가에 못박혀 죽으셨는데도 자신의 죄가 남아 있다고 생각하는 사람이 있습니다. 십자가에서 죄가 씻어진 사실을 모르는 사람이 있습니다.

예수님이 죽으셨는데도 죄가 해결되지 않아 내가 벌을 받아야 한다면 예수님의 죽음은 의미가 없습니다. 예수님은 의미 없이 죽으신 것이 아닙니다. 바라바가 살았던 것처럼 예수님의 죽음은 우리 모두를 살립니다. 죄를 지었지만 심판을 받지 않아도 되고, 저주와 멸망을 당하지 않아도 됩니다. 이런 은혜를 모든 사람에게 주시려고 예수님은 십자가에 못박히셨습니다.

**116강**

# 예수의 십자가를
# 짊어지게 하였더라

"이에 바라바는 저희에게 놓아 주고 예수는 채찍질하고 십자가에 못 박히게 넘겨주니라. 이에 총독의 군병들이 예수를 데리고 관정 안으로 들어가서 온 군대를 그에게로 모으고 그의 옷을 벗기고 홍포를 입히며 가시 면류관을 엮어 그 머리에 씌우고 갈대를 그 오른손에 들리고 그 앞에서 무릎을 꿇고 희롱하여 가로되 '유대인의 왕이여, 평안할지어다' 하며 그에게 침 뱉고 갈대를 빼앗아 그의 머리를 치더라. 희롱을 다한 후 홍포를 벗기고 도로 그의 옷을 입혀 십자가에 못박으려고 끌고 나가니라. 나가다가 시몬이란 구레네 사람을 만나매 그를 억지로 같이 가게 하여 예수의 십자가를 지웠더라."(마 27:26~32)

**예수님이 당하신 것처럼 우리에게도 고난이 찾아온다**

예수님은 제자의 손에 팔리셨습니다. 다른 제자들은 예수님을 모른다고 부인하는 아픔을 겪으셨습니다. 그리고 십자가에 못박히기 위해 끌려가셨습니다. 그 전에 군병들이 예수님의 머리에 가시관을 씌우고, 예수님께 침을 뱉고, 갈대로 머리를 치며 희롱했습니다.

우리가 복음을 위해 살 때, 예수님이 우리 가운데 역사하시고 사탄도 똑같이 일합니다. 그래서 예수님이 당하신 핍박이 우리에게도 찾아옵니다. 사도행전을 보면, 예수님의 제자들도 예수님처럼 핍박을 받는 모습을 볼 수 있습니다. 베드로는 복음을 전하다가 감옥에 갇혔고, 사도 바울도 굉장히 많은 시련과 어려움을 겪었습니다.

우리는 복음을 전하면서 자주 계산합니다. '내가 이렇게 하면 어려움을 당할지 몰라. 시련이 찾아올지 몰라.' 그래서 그 길로 가지 않으려는 마음을 갖습니다. 에스더 성경을 보면, 모르드개가 하만에게 절하지 않았다는 이유로 하만이 유대인을 다 죽이려고 했습니다. 제가 에스더 성경을 읽으면서 생각해 보았습니다.

'모르드개가 절하면 될 걸 왜 하지 않아서 이런 문제가 일어나게 했지? 모르드개가 하만에게 절하는 것이 어려운 일은 아닐 거야. 그런데 그렇게 하면 어려움이 안 찾아올까? 그리고 그런 어려움이 없었다면 모르드개가 영광을 얻거나 유대인이 영광을 얻을 수 있었을까?'

**고난을 피하면 어려움이 없지만 복음의 역사도 끝난다**

성경을 보면, 하나님의 역사가 있을 때마다 사탄이 방해하고 대적하고 핍박했습니다. 만약 우리가 자신을 지키려고 시련과 고난을 피한다면, 어려움도 없고 복음의 역사도 없을 것입니다. 사도 바울이 복음을 전할 때 핍박이 없는 곳이 없고 대적이 없는 곳이 없었습니다. 복음을 전하면 항상 반대하고 대적하는 사람이 있었습니다. 우리가 고난이 두려워서 피하면 어려움이 찾아오지 않지만, 복음의 역사도 끝납니다.

예수님이 고난이 싫어서 가시관을 쓰지 않으셨다면, 채찍을 맞지 않으셨다면, 십자가에 못박히지 않으셨다면 사탄이 얼마나 기뻐했겠습니까? 아무 일 없이 조용히 지나갔을 것입니다. 그렇다면 우리가 어떻게 죄에서 벗어나겠습니까? 우리에게 구원의 길이 있겠습니까? 우리가 구원받는 일도 없을 것입니다. 사탄의 종으로 늘 비참하게 끌려다닐 수밖에 없을 것입니다.

요한계시록 5장 9절에 보면, **"각 족속과 방언과 백성과 나라 가운데서 사람들을 피로 사서 하나님께 드리시고"**라고 했습니다. 저는 한국 사람인데 예수님이 당신의 피로 저를 사셨습니다. 옛날 한국에는 복음이 없어서 많은 사람들이 멸망의 길로 갔습니다. 제가 어떻게 구원을 받을 수 있었습니까?

영국의 청교도들이 심하게 핍박을 받아 미국으로 이주했습니다. 그들이 제일 먼저 예배당을 지었습니다. 어떤 사람이 자기 집을 지으려고 할 때 이웃이 찾아가 말했습니다.

"이보게, 자네 무얼 하고 있는가?"

"보다시피 집을 짓고 있네. 비바람도 피해야 하고, 짐승들로부터 가족들을 지키려면 집을 지어야지."

"그래서는 안 되네. 자네는 새로운 이 나라에서 우리가 하나님의 도움 없이 살 수 있다고 생각하는가? 비바람과 짐승들에게서 가족을 보호하는 것이 중요하지만, 먼저 하나님을 생각해야 하네. 교회를 짓지 않고 우리 집부터 짓는 것은 부끄러운 일이네. 우리가 예배당을 먼저 짓세."

그들이 마을 중심에 예배당을 먼저 지었습니다. 그리고 학교를 지었습니다. 그 뒤에 자신들의 집을 지었습니다. 그 예배당에서 성경을 가르치고 배워 수많은 선교사들이 일어나서 복음을 들고 전 세계로 퍼져나갔습니다. 그 전에는 복음이 유럽의 몇몇 나라에만 존재했습니다. 미국이 독립한 뒤 나라가 부강해졌고, 수많은 사람들이 복음을 들고 세계 곳곳으로 갔습니다. 그 전에는 대부분의 나라에 성경이 없었고, 사람들이 하나님도 몰랐습니다.

그때 복음이 중국에 들어갔고, 일본에 들어갔습니다. 한국에 복음을 전하기 위해 왔던 토마스 목사는, 당시 우리나라가 쇄국정책을 펴고 있어서 뜻을 이루지 못하고 죽임을 당하기도 했습니다. 그래도 선교사들이 우리나라에 복음을 전하러 왔습니다. 예수님이 십자가에 못박혀 고난을 당하신 것처럼 많은 사람들이 고난을 당하며 복음을 전했습니다.

**우리가 당하는 고난이 세상에서 얻을 수 없는 기쁨과 평안을…**
복음을 전하면 어느 곳에서든 핍박을 받습니다. 또한 하나님이 역사하시는 것을 볼 수 있습니다. 편하게 지내려고 하면 하나님과 멀어져 믿음이 더 잠들고, 핍박을 당하며 복음을 전하면 우리 믿음이 자랍니다. 사도 바울은 이렇게 말했습니다.

"네가 그리스도 예수의 좋은 군사로 나와 함께 고난을 받을지니" (딤후 2:3)

다른 성경에서는 이렇게 말했습니다.

"내가 이제 너희를 위하여 받는 괴로움을 기뻐하고, 그리스도의 남은 고난을 그의 몸 된 교회를 위하여 내 육체에 채우노라."(골 1:24)

구원받은 성도들이 육체만 위하여 안일하게 사는 사람이 되지 말고, 육체의 소욕을 꺾고 그리스도와 함께 고난을 받게 되길 바랍니다. 고난을 당하기 전에는 그렇게 사는 것이 굉장히 힘들고 어렵게 보입니다. 그러나 고난을 당하면 당할수록 예수님의 큰 힘이 우리를 지키고 돕는 것을 경험합니다. 우리가 당하는 고난이 세상에서 얻을 수 없는 기쁨과 평안을 가져다주며, 그로 말미암아 큰 역사가 나타나는 것을 보게 됩니다.

우리가 복음을 전해서 사람들이 구원받으면 얼마나 좋습니까? 너무나 놀랍고 귀한 일이 아닐 수 없습니다. 그런데 그 길을 걸으면 고난이 찾아옵니다. 고난을 겪지 않은 사람은 그때 두렵습니다. 피하고 싶습니다. 그 마음을 따라 고난을 피하면, 어려움만 없는 것이 아니라 하나님의 능력 또한 경험할 수 없습니다. 우리가 고난을 당하면 하나님이 우리를 축복하셔서 그 고난을 이길 힘을 주십니다. 때로 피할 길을 허락하십니다. 우리에게 은혜를 더하셔서 우리가 복되게 살도록 이끌어 가십니다.

사도행전 3장에서 베드로가 성전 미문에서 구걸하던 앉은뱅이를 고쳤습니다. 그 일로 베드로가 존귀를 얻은 것이 아니라 핍박을 받아

감옥에 갇혔습니다. 그때 예루살렘에서 복음의 역사가 힘있게 일어났습니다.

**하나님이 시몬에게 십자가를 지고 예수님을 따르게 하셨다**
예수님이 십자가를 지고 골고다로 가실 때, 많은 사람들이 따라가며 지켜보았습니다. 예수님은 채찍에 많이 맞아 몸이 상해서 무거운 십자가를 지고 가다가 자주 쓰러지셨습니다. 그때 군병들이 옆에 있던 한 사람을 잡아 대신 십자가를 지게 했습니다. 그는 구레네 사람 시몬이었습니다.

"나가다가 시몬이란 구레네 사람을 만나매 그를 억지로 같이 가게 하여 예수의 십자가를 지웠더라."(마 27:32)

구레네 사람 시몬이 예수님이 못박힐 십자가를 대신 지고 골고다로 갔습니다. 시몬은 어쩔 수 없이 십자가를 져야 했습니다. 처음에 시몬은 '내가 왜 이 십자가를 져야 해? 구경하러 왔다가 잡혀서 이런 일을 겪네' 하고 투덜거렸을 것 같습니다. 그런데 십자가를 지고 가면서 생각했을 것입니다. '내가 십자가를 지고 가면 예수님이 조금이라도 편하시겠다. 까짓것, 좀 힘들지만 지고 가자.'

마가복음을 보면, 구레네 사람 시몬은 알렉산더와 루포의 아버지였습니다.

"마침 알렉산더와 루포의 아비인 구레네 사람 시몬이 시골로서 와서 지나가는데 저희가 그를 억지로 같이 가게 하여 예수의 십자가를 지우고"(막 15:21)

그리고 로마서 16장에서 사도 바울이 이렇게 말했습니다.

"주 안에서 택하심을 입은 루포와 그 어머니에게 문안하라. 그 어머니는 곧 내 어머니니라."(롬 16:13)

두 성경에 나오는 루포가 같은 사람인지 정확히 모르겠지만, 시몬의 가족이 예수님을 믿는 신실한 사람들이 되었다는 사실을 생각할 수 있습니다.

예수님이 십자가에 못박히시던 날, 시몬이 그날 시골에서 무슨 일로 예루살렘에 왔는지 모르지만 예루살렘에 사람들이 모여 있는 것을 보았습니다. 가서 보니, 예수님이 십자가를 지고 가고 있었습니다. 시몬은 아무 생각 없이 무리와 함께 예수님을 따라갔습니다. 그런데 갑자기 군병들이 자기를 지목하더니 예수님 대신 십자가를 지라고 했습니다. 겁이 나서 시몬이 불평은 못 했겠지만, 속으로 투덜거렸을 것입니다.

'괜히 따라왔네. 아, 십자가 진짜 무겁네. 힘들어 죽겠네.'

그러다가 상한 몸으로 십자가를 지고 오신 예수님을 생각했을 것입니다.

'저 몸으로 이걸 지고 여기까지 오시느라 얼마나 힘드셨을까? 내가 대신 지면 예수님이 좀 쉬실 수 있겠구나.'

시몬의 마음이 예수님과 점점 가까워졌을 것입니다. 하나님은 구레네 시몬에게 예수님을 생각할 수 있도록 십자가를 지고 예수님을 따르게 하셨습니다. 시몬은 십자가를 지고 예수님을 따르는 동안 예수님을 깊이 생각했을 것입니다.

골고다 언덕에 이르렀을 때 시몬은 십자가를 내려놓았습니다. 자신은 이제 쉴 수 있었지만, 예수님이 십자가에 못박히시는 것을 가까이에서 보았습니다. 마음이 몹시 아팠을 것입니다.

'그런데 예수님이 왜 십자가에 못박히시지? 저분이 무얼 잘못해서 이 무서운 형벌을 받지?'

그러는 동안 그의 마음에 알 수 없는 평안과 기쁨이 찾아왔을 것입니다.

**내가 예수님의 십자가를 대신 짊어지고 골고다까지 갔어**

사도 바울이 빌립보에서 매를 맞고 감옥에 갇혔습니다. 바울과 실라가 불평하고 원망한 것이 아니라 하나님을 찬양했습니다. 고난을 겪으면 슬프고 두려울 것 같지만, 바울이 고난 중에 예수님을 생각했습니다. 예수님을 생각하자 마음이 큰 기쁨과 감사에 젖었습니다. 바울과 실라가 하나님을 찬미하고 기도했습니다. 그러자 하나님이 일하셨습니다. 지진이 일어나 옥문이 열리고, 죄수들을 묶은 것이 다 풀렸습니다. 고난이 슬픔이 아니라 큰 기쁨을 가져다주었고, 하나님의 놀라운 역사가 일어나게 했습니다. 그날 감옥 간수의 가족들이 다 구원받았습니다.

요즘 우리는 고난을 받는 것이 아니라 편리하게 사는 데에 길들여져 있습니다. 그래서 예수님을 생각할 시간이 별로 없습니다. 예배에 참석해서도 핸드폰을 보는 사람이 있습니다. 많은 사람들이 예수님의 고난에 함께하는 것이 아니라 자신의 육신을 위해 삽니다. 고난을 멀리하기 때문에 고난 당하신 예수님을 생각할 기회가 없습니다. 짧은 시간이라도 예수님을 생각하는 시간을 가졌으면 좋겠습니다.

예수님 대신 십자가를 진 구레네 시몬은 예수님과 뗄 수 없는 인연을 가졌습니다. '내가 예수님의 십자가를 대신 짊어졌지. 그렇게 골고다까지 갔어.' 평생 잊혀지지 않았을 것입니다. 그 일을 생각할 때마다 그의 마음이 예수님으로 가득 찼을 것입니다. 그래서 다른 사람이 슬퍼할 때 시몬은 기뻐하고, 다른 사람은 원망할 때 그는 감사하며 행복하게 살았을 것입니다.

예수님이 우리를 위해 십자가의 고난을 당하셨습니다. 이제 우리도 그 길을 걸어갑니다. 어떤 고난이 찾아와도 두려워하지 마십시오. 하나님이 이길 힘을 주십니다. 그 고난으로 말미암아 오히려 큰 기쁨과 평안을 얻게 됩니다. 고난을 피하는 사람은 하나님의 능력도 피하게 됩니다. 구원받은 우리는 다 예수님과 같은 하나님의 자녀입니다. 예수님이 고난을 받아 우리를 구원하신 것처럼, 우리도 고난을 겪으면서 많은 사람들을 구원으로 인도하는 삶을 살도록 하나님이 길을 열어 주십니다.

# 117강

# 그 옷을
# 제비 뽑아 나누고

"골고다 즉 해골의 곳이라는 곳에 이르러 쓸개 탄 포도주를 예수께 주어 마시게 하려 하였더니 예수께서 맛보시고 마시고자 아니하시더라. 저희가 예수를 십자가에 못박은 후에 그 옷을 제비 뽑아 나누고 거기 앉아 지키더라."(마 27:33~36)

### 성경에 처음 나오는 옷은 무화과나무 잎으로 만든 옷
예수님이 골고다 언덕에서 십자가에 못박히셨습니다. 못박히시기 전에 로마 군병들이 쓸개 탄 포도주를 예수님께 드렸습니다. 그 포도주에는 마취 성분이 있어서 고통을 덜어줍니다. 예수님이 맛보시고 마시지 않으셨습니다. 군병들이 예수님을 십자가에 못박은 뒤, 제비를 뽑아 예수님이 입고 있던 옷들을 나누어 가졌습니다.

성경에 제일 처음 나오는 옷은, 아담과 하와가 선악을 알게 하는 나무의 열매를 따먹고 자신들이 벗은 것을 안 뒤 부끄러워서 무화과나무 잎으로 만든 치마였습니다. 아담과 하와는 무화과나무 잎으로 옷을 만들었습니다. 무화과나무 잎은 사람 손가락처럼 생겼는데, 억세고 마르면 잘 부서집니다. 왜 그런 잎으로 옷을 만들었는지는 모르겠지만, 분명한 사실 한 가지는 마르면 금방 부서지기 때문에 옷 만드는 일을 계속 해야 했습니다. 자주 부서져서 하루에 한 번씩 만들어야 했는지도 모릅니다.

그렇게 지내는 아담과 하와를 위해 하나님이 가죽 옷을 지어 입히셨다고 했습니다. **"여호와 하나님이 아담과 그 아내를 위하여 가죽 옷을 지어 입히시니라."(창 3:21)** 아담과 하와가 무화과나무 잎으로 만든 옷은 인간의 행위를 가리킵니다. 우리 행위는 부끄러움을 가리는 것처럼 보이지만 금방 부서지고 또 부서지기 때문에 우리 부끄러움을 온전히 가릴 수 없습니다. 부끄러움을 온전히 가리려면 가죽으로 만든 옷이 필요했습니다.

가죽 옷은 그냥 만들어지는 것이 아닙니다. 어떤 짐승이 죽어서 그 가죽을 벗겨야 옷을 만들 수 있습니다. 쉽게 말하면, 아담과 하와의 허물을 가리기 위해 어떤 짐승이 죽임을 당해야 했다는 것입니다. 성경은 이 이야기를 통해서, 예수 그리스도께서 이 땅에 오셔서 우리를 위해 죽으실 것을 미리 이야기하고 있습니다. 예수님은 하나님의 어린양이 되어, 우리 허물을 가리기 위해 십자가에 못박혀 피를 흘리고 돌아가셨습니다. 이러한 사실을 모르는 사람들은, 무화과나무 잎으로 치마를 해서 허물을 가리려고 하는 것처럼 자신의 행위로 자신의 허물을 가리려고 합니다.

우리가 선하거나 정직한 일을 하고 충성되이 일해서 그것으로 자신의 허물을 가리려고 한다면, 그것은 자신의 행위를 의지하는 것입니다. 그런 좋은 행위로 허물이 가려지는 것 같지만, 무화과나무 잎이 햇빛을 받으면 말라서 부서지는 것처럼 좋은 행위들은 어떤 상황에서 부서져버려 허물이 드러날 수밖에 없습니다.

아담과 하와가 가죽 옷을 입은 것은 그들이 무엇을 한 것과 전혀 상관이 없습니다. 그들이 아무것도 하지 않았지만, 가죽 옷은 아담과 하와의 허물을 온전히 가리기에 충분했습니다. 한 짐승이 죽어 아담과 하와의 허물을 가린 것처럼 예수님의 죽음이 우리 허물을 가립니다. 결단코 우리가 무엇을 잘해서 자기 허물을 가릴 수 없습니다.

### 아담과 하와가 했느냐, 하나님이 하셨느냐?

신앙은 두 길로 정확히 나누어집니다. 어떤 문제를 '자신이 해결하느냐, 예수님이 해결하시느냐?'입니다. 우리가 행하는 모든 일은 무화과나무 잎으로 만든 치마처럼 온전하지 못합니다. 사람이 아무리 온전해지려고 애써도 행위로는 불가능합니다. 우리가 온전하게 되는 것은 예수님이 일하심으로 말미암습니다. 어떤 일이든지 우리가 하면 그것은 무화과나무 잎으로 만든 치마밖에 안 됩니다. 반대로 하나님이 하신다면 그것은 가죽 옷이 됩니다.

우리 죄를 누가 씻어야 합니까? 우리가 하나님을 만족하시게 하려면 어떻게 해야 합니까? 결론은 그 일을 누가 했느냐에 의해 정해집니다. 우리가 해서는 안 됩니다. 안타깝게도, 많은 사람들이 자기 행위에 빠져서 자신이 무엇을 잘하고 있다고 생각합니다. 조금만 더 잘하면, 조금만 더 선하면, 조금만 더 충성하면 죄를 씻을 수도 있고, 하나님을 만족하시게 할 수도 있다고 생각합니다. 결코 그렇지 않습니다.

우리가 하나님 앞에 나아갈 때 이 사실을 기억해야 합니다. 하나님은 '누가 했느냐'를 보십니다.

"네가 죄를 씻었느냐?"

"예, 씻었습니다."

"어떻게 씻었느냐?"

"제가 기도하고, 십일조를 빼먹지 않고 드리고, 금식 기도도 하고, 철야 기도도 하고…."

그렇게 대답하면 하나님이 얼굴을 돌리십니다.

"네가 죄를 씻었느냐?"

"예, 씻었습니다."

"어떻게 씻었느냐?"

"저는 내 죄를 조금도 씻을 수 없었습니다. 예수님이 내 죄를 온전히 씻어 주셨습니다."

그렇게 대답해야 하나님이 받으십니다.

에덴동산에서 아담과 하와가 부끄러움을 온전히 가리고 자유롭게 지낼 수 있느냐 없느냐는 무엇으로 결정됩니까? 부끄러움을 가리는 일을 아담과 하와가 했느냐, 하나님이 하셨느냐로 결정됩니다. 무화과나무 잎으로 만든 치마로는 절대로 아담과 하와를 자유롭게 할 수 없습니다. 하나님이 그들에게 가죽 옷을 지어 입히셨고, 그것이 아담과 하와를 자유롭게 만들었습니다.

우리 삶의 모든 것이 누가 했느냐로 그 결과가 결정됩니다. 죄를 씻는 일을 누가 했느냐? 자녀를 키우는 일을 누가 했느냐? 노후 문제를 누가 준비하느냐? 이것으로 모든 것이 결정됩니다. 우리 자신이 하면 뭔가 되는 것 같지만 부서지고 맙니다. 결국에는 아무것도 남지 않습니다. 하나님이 하셔야 합니다.

이렇게 생각해 보십시오. 하와가 무화과나무 잎들을 따서 정성스럽게 다듬은 뒤 잘 엮어서 치마를 만들었습니다. 보기에도 좋고, 입기에도 편했습니다. 그 결국이 무엇입니까? 잎이 말라비틀어져서 다 떨어지고 마는 것입니다. 아담과 하와가 쉴 수 있었던 것은 그들이 얼마나 노력했느냐, 얼마나 정성을 들였느냐에 달린 것이 아니었습니다. 하나님이 그들을 위해 일하셔야 했습니다.

**이제 우리도 예수님과 똑같은 옷을 입었다**

마태복음 27장에서 군병들이 예수님이 입으셨던 옷을 가져갔습니다. 요한복음 19장에 보면, 속옷은 통으로 짠 것이어서 제비를 뽑아 가져가고 겉옷은 네 조각으로 나누어 가져갔다고 했습니다. 예수님의 옷을 네 조각으로 나누었다는 것은, 동서남북 남녀노소 등 모든 사람에게 주어졌다는 사실을 가리킵니다.

어떤 사람이 예수님이 입었던 옷을 입고 나갈 것입니다. 사람들이 그것을 보고 말합니다.

"나, 저 옷 많이 보았어. 옛날에 어떤 분이 저 옷을 입고 소경을 고치시고 문둥병자를 고치셨어."

"나도 저 옷을 입은 분이 38년 된 병자를 고치시고 죽은 나사로를 살리시는 것을 보았어."

"예수님이 바다 위로 걸어오실 때 바람에 날리던 옷이 바로 저 옷이었어."

예수님이 세상에서 입고 다니시던 옷을 우리에게 넘겨주셨습니다. 이제 우리도 예수님과 똑같은 옷을 입은 것입니다. 예수님은 원래 하나님이신데 우리처럼 육신을 입었고, 우리는 육신 안에 하나님을 모셨습니다. 예수님도 하나님의 영과 육체가 있고, 우리도 육체와 하나님의 영이 계시기 때문에 똑같습니다.

예수님이 입으셨던 옷이 네 조각으로 나뉘어 동서남북 사방의 모든 사람을 덮었습니다. 우리가 예수님으로 말미암아 깨끗해지고 거룩해지고 온전해졌습니다. 우리가 예수님과 같은 옷을 입고 작은 예수가 되어서 하나님의 능력을 나타내며 살 수 있게 되었습니다. 예수님에게 있던 것과 같은 능력이, 사랑이, 지혜가 예수님을 믿는 우리 안에 있습니다.

'나에게는 예수님의 사랑이나 지혜가 없는데….' 이것은 누구 생각입니까? 우리 생각입니다. 하나님은 우리를 예수님과 똑같게 했다고 말씀하십니다. 예수님이 십자가에 못박히시기 전에 군병들이 예수님의 옷을 벗겨 네 조각으로 나눈 일이 그 사실을 이야기해 줍니다.

옛 시조 가운데 이런 시조가 있습니다.

"옥에 흙이 묻어 길가에 버렸으니

　오는 이 가는 이 다 흙이라 하는고야

두어라 알 이 있을 것이니 흙인 듯이 있거라"

　옥에 흙이 묻어 길가에 버렸습니다. 사람들이 흙으로 보지만 씻으면 옥이 나옵니다. 하나님이 우리를 예수님처럼 만드셨지만 때때로 인간적인 것이 묻을 수 있습니다. 연약함도 묻을 수 있고, 더러움도 묻을 수 있습니다. 겉모습을 보면 진짜 더러운 것 같습니다. 그러나 그 속에는 보석이 들어 있습니다. 보석이 본질입니다.

　흙이 묻은 옥을 다른 사람들만 흙으로 보는 것이 아니라 자신도 흙으로 봅니다. '나는 보석이 아니라 흙이야.' 그러나 흙이라고 해서 옥이 흙일 수는 없습니다. 마음에 예수님이 계시는 사람은 빛나는 보배입니다. 겉모습을 보면 거짓말도 잘하고, 화도 잘 내고, 나쁜 짓도 해서 보석이 아니라 흙으로 보입니다. '이건 보석이 아니야. 흙이지.' 그런데 흐르는 물에 씻으면 달라집니다. '어? 흙이 아니네. 보석이 맞네! 진짜 귀한 보석인데 내가 흙이라고 생각했구나.'

　보석에 흙이 묻을 수는 있습니다. 그러나 보석이 흙이 될 수는 없습니다. 아무리 더러운 흙이 묻어도 물에 씻으면 더러운 것들은 다 씻겨나가고 보석만 남습니다. 그것이 참 모습입니다. 성경이 이 사실을 이야기합니다.

## 영적인 거울로 보면 거듭난 성도는 다 작은 예수

구원받은 사람 마음에는 예수님이 계십니다. 우리가 예수님으로 옷 입었습니다. 예수님이 이 땅에서 입고 일하셨던 것과 똑같은 옷을 우리가 입었습니다. 우리가 예수님으로 옷 입고 일할 때 사람들이 그것을 보고 말합니다.

"나, 저 옷 알아. 저 옷을 입은 분이 38년 된 병자를 고치셨지. 죽은 나사로를 살리셨고."

예수님으로 옷을 입은 사람들은 예수님처럼 일합니다. 그런데 그런 사람이 때때로 흙으로 보일 때가 있습니다. 그런데 자세히 보면 보석입니다. 흙을 보석으로 보아도 안 되고, 보석을 흙으로 보아도 안 됩니다. 우리는 종종 사탄에게 속습니다. 사실이 아닌 것을 사실이라고 여깁니다. '나는 보석이 아니야. 나는 아무것도 할 수 없어.' 이렇게 생각할 때가 많습니다.

예수님은 우리와 똑같은 육체를 입고 세상을 사셨습니다. 그 육체 안에 있던 하나님의 영을 예수님을 믿는 사람 마음에 넣어 주셨습니다. 거기에다 예수님의 옷을 입혀 주셨습니다. 우리를 정말 예수님과 똑같게 하셨습니다. 육신으로 보면 자신이 예수님이 아닐 때가 많지만, 영적인 거울로 보면 거듭난 성도는 다 작은 예수입니다. 예수님처럼 의롭고 거룩하고 온전하고 영광스럽습니다. 우리가 이 사실을 믿음으로 받아들일 때 예수님처럼 살게 됩니다.

제가 성경을 읽다가 깜짝깜짝 놀랍니다. '아, 나는 이런 사실을 몰랐어. 내가 정말 예수님과 같이 되었구나!' 그런 믿음을 가지고 달려갈 때 하나님이 내 안에 살아 역사하시는 것을 보았습니다.

예수님은 십자가에 못박히실 때 당신이 입었던 옷을 모든 사람에게 나누어주셨습니다. 예수님을 믿는 사람들은 그 마음에 하나님의 영이 거하시고 예수님과 똑같은 옷을 입게 해서, 우리를 예수님과 똑같게 해놓으셨습니다. 거듭난 사람들이 이 사실을 깨닫지 못해 자기 방법으로 살 때가 많습니다.

제가 교회 집무실에 있으면 많은 성도들이 상담하러 찾아옵니다. 한번은 어떤 부인 자매가 찾아왔습니다.

"목사님, 제가 이혼해야겠어요. 남편과 도저히 못 살겠어요."

자매님의 이야기를 한참 듣다 보니 나도 그렇게 생각되었습니다. 그래서 이혼하라고 말하려고 했습니다. 그런데 자매님은 내 생각을 들으러 온 것이 아니라 하나님의 말씀을 들으러 왔기 때문에, 제가 내 생각을 잠시 접어두고 '내가 보는 것 말고 예수님은 어떻게 보실까?' 생각합니다. 겉모습만 보면 문제가 많은 것 같지만 예수님이 자매님 가정을 능히 새롭게 하시겠다는 마음이 듭니다.

"자매님, 이혼하지 마세요. 예수님은 자매님이 이혼하는 것 기뻐하시지 않아요. 이혼하지 않고 잘살 수 있도록 다 해놓으셨어요."

"아, 그렇군요."

자매님이 예수님의 뜻을 따라 그 가정이 좋아지는 것을 보았습니다. 보이는 대로 받아들이는 것이 아니라, 예수님의 뜻과 말씀을 받아들이는 것이 신앙입니다.

## 118강

# 어찌하여
# 나를 버리셨나이까?

"제 육시로부터 온 땅에 어두움이 임하여 제 구시까지 계속하더니 제 구시 즈음에 예수께서 크게 소리질러 가라사대 '엘리 엘리 라마 사박다니' 하시니 이는 곧 '나의 하나님, 나의 하나님, 어찌하여 나를 버리셨나이까' 하는 뜻이라."(마 27:45~46)

### 예수님이 버림을 당하셨다

예수님이 십자가에 못박히시고, 제 6시부터 온 땅이 어두워졌습니다. 당시 이스라엘에서는 해뜰 때를 기준으로 시간을 계산했기 때문에 6시는 한낮이었습니다. 9시는 오후 3시쯤 되었습니다. 예수님이 9시 즈음에 크게 소리를 지르셨습니다.

"엘리 엘리 라마 사박다니!"

이 말은 "나의 하나님, 나의 하나님, 어찌하여 나를 버리셨나이까!"라는 뜻입니다. 하나님께서 왜 예수님을 버리셨습니까? 하나님은 자비로우시지만 동시에 공의로우십니다. 인류의 모든 죄가 예수님께로 건너갔기 때문에, 하나님은 인간의 모든 죄를 짊어진 예수님을 향하여 얼굴을 돌리셨습니다.

하나님은 그 전에 예수님을 보고 "이는 내 사랑하는 아들이요 내 기뻐하는 자라."라고 하셨습니다. 예수님이 인간의 죄를 짊어지셨기 때문입니다. 십자가는 인간의 죄를 지신 예수님이 심판을 받는 자리였습니다. 예수님이 세상의 모든 죄를 짊어져 악하고 더럽기 때문에 하나님은 예수님을 향해 고개를 돌리실 수밖에 없었습니다. 저주와 심판을 내리실 수밖에 없었습니다. 그래서 예수님은 "나의 하나님, 나의 하나님, 어찌하여 나를 버리셨나이까!"라고 하셨습니다.

예수님이 버림을 당하셨습니다. 하나님이 죄로 물든 우리를 버리시는 대신에 예수님을 버리신 것입니다. 저주를 받아야 할 우리 대신 예수님이 저주를 받으신 것입니다. 우리가 받아야 할 형벌을 예수님이 대신 받으신 것입니다. 예수님이 버림을 당하셨기 때문에 하나님이 우리를 받으셨습니다.

**세상 사람이 뭐라고 하든지 우리는 예수님의 말씀을 믿는다**

이런 말씀들을 생각해 보면 예수님이 우리 죄를 온전히 씻었다는 사실을 알 수 있습니다. 예수님은 하나님께 버림을 당하셨고, 우리 대신 저주와 형벌을 받으셨습니다. 그로 말미암아 우리가 하나님 앞에

서기에 전혀 부족함이 없게 하셨습니다.

요한복음 8장에는 간음하다 잡힌 여자가 성전에서 가르치시던 예수님 앞으로 끌려오는 이야기가 나옵니다. 사람들이 여자를 돌로 쳐서 죽이려고 하다가, 예수님에게 올무를 놓으려고 예수님께로 데리고 왔습니다. 여자를 끌고 왔던 사람들이 다 돌을 들고 있었습니다. 거기 몇 사람이 모여 있었겠습니까? 50명일 수도 있고, 100명일 수도 있습니다. 100명이라고 해봅시다. 그들이 말합니다.

"저 여자는 간음하다 잡혔어. 더러운 저 여자는 돌로 때려서 죽여야 돼."

그런데 예수님만 다르게 말씀하셨습니다. 그들이 예수님께 물었습니다.

"선생이여, 이 여자가 간음하다가 현장에서 잡혔나이다. 모세는 율법에 이러한 여자를 돌로 치라 명하였거니와 선생은 어떻게 말하겠나이까?"

예수님이 말씀하셨습니다.

"너희 중에 죄 없는 자가 먼저 돌로 쳐라."

예수님이 하신 말씀을 듣고 돌을 들고 서 있던 사람들이 다 돌을 내려놓고 그 자리를 떠났습니다. 마지막에 예수님이 뭐라고 말씀하셨습니까? 여자에게 '나도 너를 정죄하지 않는다'고 하셨습니다. 백 명의 사람은 여자를 돌로 때려서 죽여야 한다고 했고, 예수님은 정죄하지 않는다고 하셨습니다. 백 명이 훨씬 많으니까 그들의 말이 옳습니까? 그렇지 않습니다. 얼마나 많은 사람들이 이야기하느냐가 중요한 것이 아닙니다. 천 명이 이야기해도 중요하지 않고, 만 명이 이야기해도 중요하지 않습니다. 백만 명, 천만 명, 수억 명, 수십억 명이 이야기해도 중요하지 않습니다. 예수님이 뭐라고 말씀하셨느냐가 중요합니다.

세상은 이 여자가 돌에 맞아 죽어야 한다고 했지만, 예수님은 여자를 정죄하지 않는다고 하셨습니다. 우리가 어떻게 판단하든, 부모님이 뭐라고 이야기하든, 유명한 사람이 어떻게 말하든 그것은 별로 중요하지 않습니다. 온 세상 사람이 똑같이 말해도 중요하지 않습니다. 이 사실을 깊이 기억해야 합니다.

사람들은 때때로 스스로 자신을 채점합니다. '난 믿음이 없어.' '나는 성경을 잘 몰라.' '나는 성격이 나빠.' 그러나 우리 속에서 어떻게 말해도 그것은 아무 의미가 없습니다. 예수님이 무엇이라고 말씀하시느냐가 중요합니다. 이제 우리는 마음을 정해야 합니다. '나는 이제 내 속에서 일어나는 소리 안 듣고 예수님의 말씀을 들을 거야.' 이것이 정말 중요합니다. 온 세상 사람이 뭐라고 하든지 예수님이 우리 죄를 씻었다고 하시면 우리 죄는 씻어졌습니다. 예수님이 우리를 보고 의롭다고 하시면, 온 세상 사람이 죄인이라고 해도 우리가 의롭습니다.

하나님은 우리가 어떤 생각을 하고 무엇을 보았든 하나님의 말씀을 믿는 사람을 찾고 계십니다. 그 사람 속에 하나님이 일하십니다. 그의 삶에 놀라운 하나님의 역사가 일어납니다. 세상 사람이 뭐라고 말하든지 우리는 예수님의 말씀을 믿습니다. 그래서 우리는 예수님의 사람들입니다. 예수님의 말씀이 우리 마음에 들어와 자리를 잡고 있습니다.

### 성소 휘장이 위로부터 아래까지 찢어져

마태복음 27장에서 예수님이 십자가에 못박히셨습니다. 하나님께서 예수님을 버리셨습니다. 예수님이 십자가에 못박혀 죽으셨습니다.

**"예수께서 다시 크게 소리지르시고 영혼이 떠나시다."(마 27:50)**

예수님이 돌아가시자 여러 일들이 일어났습니다.

**"이에 성소 휘장이 위로부터 아래까지 찢어져 둘이 되고, 땅이 진동하며 바위가 터지고"(마 27:51)**

성경은 성소 휘장에 대해 이야기하고 있습니다. 성소에는 휘장이 두 개가 있습니다. 성전 뜰과 성소 사이에 있고, 성소와 지성소 사이에 휘장이 있습니다. 마태복음 27장 51절에서 찢어졌다고 말한 휘장이 어느 휘장인지는 정확히 알 수 없습니다. 다만 여러 성경 내용들을 종합해서 생각해 보면, 성소와 지성소 사이의 휘장이 찢어졌다고 말할 수 있습니다.

성소와 지성소 사이의 휘장이 찢어졌다는 것은 성소와 지성소가 같아졌다는 말입니다. 성소에는 제사장들이 들어갈 수 있었습니다. 지성소에는 대제사장이 1년에 한 차례 들어갈 수 있었습니다. 이스라엘 백성의 모든 죄를 씻는 7월 10일 대속죄일에 지성소에 들어갔습니다. 그래서 성소와 지성소 사이를 휘장으로 가려 놓았습니다. 대제사장이 지성소에 들어갈 때에는 먼저 자기 죄를 씻는 속죄제사를 드린 뒤 제사장 옷을 입고 피와 향을 들고 들어갔습니다.

대속죄일에 대제사장이 지성소에 들어가 속죄소에 피를 뿌렸습니다. 지성소에는 정확한 규례대로 에봇을 입고 피를 들고 들어가야 했습니다. 만약 피를 들지 않고 휘장을 젖히고 지성소 안으로 들어가면 죽임을 당했습니다. 그런데 성소와 지성소를 나누어 놓았던 휘장이 위에서 아래로 찢어졌습니다. 성소에 들어가면 지성소에 들어간 것과 마찬가지가 된 것입니다. 이제 조심하지 않아도 된다는 것입니다.

휘장이 찢어지기 전에는 "지성소에 들어가면 안 돼. 죽을 수 있어."라고 말할 수 있습니다. 그러나 휘장이 찢어진 후에는 그런 이야기가 소용이 없어졌습니다. 성소와 지성소의 구분이 없어져버렸기 때문입니다. 손에 피가 들려 있지 않아도, 성소에 들어가면 지성소에도 들어간 것이 되었습니다.

왜 성소의 휘장이 찢어졌습니까? 예수님이 십자가에 못박혀 죽으시면서 인류의 모든 죄가 해결되었기 때문입니다. 세상의 모든 죄가 씻어져서 지성소를 더러운 죄로부터 구분해야 할 필요가 없어졌기 때문입니다. 죄가 다 씻어졌기 때문에, 죄를 씻기 위해 들고 갔던 피를 손에 들지 않아도 아무 문제가 되지 않았습니다. 예수님이 십자가에 못박혀 죽으신 일은 우리로 하여금 지성소에 들어가도 아무 문제가 없게 해놓았습니다.

우리가 하나님의 전 어디까지 자유롭게 들어갈 수 있습니까? 마지막 지성소까지 들어갈 수 있습니다. 우리가 하나님의 전 어느 곳에 든지 들어가서 하나님과 함께 거하기에 아무 부족함이 없게, 예수님의 죽음이 우리를 완벽하게 해놓았습니다. 예수님이 흘리신 피가 우리 죄를 다 씻어서 우리를 의롭게 했습니다. 거룩하게 하고 온전하게 했습니다. 그렇기 때문에 우리가 하나님의 전에 들어가서 지내는 데에 아무 문제가 없습니다. 어느 곳에 가도 심판이나 죽음이 임하지 않습니다.

예를 들어, 우리가 잘못한 일이 있어서 '하나님, 이런 죄를 지은 제가 하나님 앞에 나아갈 수 있겠습니까?' 하면 하나님이 우리에게 말씀하십니다.

"괜찮아. 휘장이 찢어져서 다 열려 있잖아. 왜 휘장을 열어 놓은지 알아? 네 죄가 다 씻어져서 네가 거룩해졌기 때문이야. 네가 거룩하기 때문에 너와 거룩한 것을 구분해야 할 필요가 없어."

우리가 부족하고 연약하며 허물이 드러날 때가 있습니다. 그러나 아무 문제가 안 되는 것은, 예수님이 십자가에 못박혀 죽으실 때 우리 모든 죄가 이미 해결되었기 때문입니다. 우리가 하나님 앞에 나아가는 데 아무 문제가 없습니다. 예수님의 죽음이 하나님과 우리 사이를 가로막는 모든 것을 해결했기 때문입니다.

**예수님의 피 외에는 하나님 앞에 나갈 수 있는 길이 없다**

조금 더 구체적으로 이야기해 보겠습니다. 만약 여러분이 어떤 죄를 지었다고 해봅시다. 그러면 하나님 앞에 나아가려고 할 때 부끄럽고 주저가 되며 두려울 것입니다. 그렇게 시간이 흘러 5년이 지나고 10년이 지나면 여러분의 머리 속에서 지은 죄에 대한 기억이 점점 흐려집니다. 다른 많은 일들이 있어서, 그 일들의 기억들 속에 지은 죄에 대한 기억이 파묻혀서 잘 보이지 않습니다. 그러면 양심의 가책도 많이 줄어들어서 하나님 앞에 나아갈 때 전처럼 힘들지 않고 조금 쉬워질 것입니다.

이런 식으로 하나님 앞에 나아가려고 하는 사람이 얼마나 많은지 모릅니다. 죄를 지으면 하나님 앞에 바로 나가지 못하고, 시간이 흐른 뒤에는 조금 편해집니다. 그런데 여러분이 지은 죄를 기억하지 못한다고 하나님도 기억하시지 못하겠습니까? 죄에 관한 문제는 우리 기억과 전혀 상관이 없습니다. 우리 마음에 가책이 심하면 죄의 문제가 심각하고 가책이 약해지면 가벼워지는 것이 아닙니다. 죄는 우리 기억과 상관없이 예수님이 흘리신 피로 해결되었습니다. 우리가 어떤 죄를 지었든지 모든 죄를 예수님이 완벽하게 씻었습니다.

만일 예수님이 십자가에 못박혀 돌아가셨지만 우리 죄를 다 씻지 못했다면 이렇게 묻게 됩니다.

"예수님이 십자가에 못박혀 죽으셔도 못 씻은 죄를 누가 씻냐? 우리가 노력하면 씻을 수 있냐?"

만약 예수님이 어떤 죄는 씻으셨고 어떤 죄는 씻지 못해 남아 있다면, 분명히 알아야 합니다. 우리 죄를 씻을 수 있는 것은 예수님의 십자가 외에 다른 길이 없기 때문에, 죄가 조금이라도 남아 있다면 영원한 멸망을 당할 수밖에 없습니다.

예수님의 죽음은 우리 죄를 온전히 씻었습니다. 죄를 남겨놓은 죽음이라면 그 죽음이 무슨 의미가 있습니까? 우리가 하나님 앞에 담대히 나아갈 수 있는 것은 예수님의 피가 우리 죄를 다 씻었기 때문입니다. 성소의 휘장이 찢어져서 하나님과 우리 사이에 막힌 담이 없습니다.

히브리서에서는 이렇게 말합니다.

"그러므로 형제들아 우리가 예수의 피를 힘입어 성소에 들어갈 담력을 얻었나니, 그 길은 우리를 위하여 휘장 가운데로 열어 놓으신 새롭고 산 길이요 휘장은 곧 저의 육체니라."(히 10:19~20)

예수님의 피 외에는 우리가 하나님 앞에 나갈 수 있는 길이 없습니다. 오늘날 많은 사람들이 예수님을 믿지만, 안타깝게도 예수님의 피로 자신의 죄가 온전히 씻어지지 않았다고 생각하는 사람이 많습니다. 해결되지 않은 죄가 있어서 자신이 해결해야 한다고 생각하는 사람이 많습니다.

창세기 40장에는 구원받는 사람과 멸망을 당하는 사람 이야기가 나옵니다. 술 맡은 관원장과 떡 굽는 관원장이 꿈을 꾸었습니다. 꿈에서 술 맡은 관원장은 포도주만 들고 바로에게 나아갔고, 떡 굽는 관원장은 흰떡 위에 각종 구운 식물을 얹어서 나아갔습니다. 포도주와 떡은 우리를 위해 십자가에 못박히신 예수님의 몸과 예수님이 흘리신 피를 가리킵니다.

우리가 하나님 앞에 나아갈 때에는 예수님이 흘리신 피, 찢기신 몸만 들고 가야 합니다. 그것이 모자라다고 생각해서 무엇을 더하면 멸망을 당합니다. 우리가 행하는 가장 큰 악이 무엇입니까? '예수님이 나를 위해 십자가에 못박혀 죽으셨지만 그것으로는 부족해. 내가 죄를 씻기 위해 기도해야 돼. 회개해야 돼. 선하고 진실하게 살아야 돼….' 이렇게 생각하는 것은 보통 심각한 문제가 아닙니다. 이런 마음을 가지고 있다면 버리고 예수님의 보혈만 의지해야 합니다. 예수님이 흘리신 피가 우리 죄를 온전히 씻었다는 사실을 믿어야 합니다.

## 119강

# 자던 성도의 몸이
# 많이 일어나

"이에 성소 휘장이 위로부터 아래까지 찢어져 둘이 되고 땅이 진동하며 바위가 터지고 무덤들이 열리며 자던 성도의 몸이 많이 일어나되 예수의 부활 후에 저희가 무덤에서 나와서 거룩한 성에 들어가 많은 사람에게 보이니라."(마 27:51~53)

**갑자기 사탄이 떠나가면 어떤 일이 일어나겠는가?**
예수님께서 세상을 떠나셨습니다. 그때 성소 휘장이 위에서 아래로 찢어졌습니다. 이제 누구나 아무 조건 없이 하나님 앞에 나아갈 수 있게 되었습니다. 그리고 무덤들이 열리고 자던 성도의 몸이 많이 일어났습니다. 그들이 예수님이 부활하신 뒤 무덤에서 나와 거룩한 성에 들어가서 많은 사람에게 보였습니다.

예수님이 이 땅에 오시기 전에 세상은 죄악에 물들어 있었습니다. 우리가 사는 세상은 각박하고 삭막합니다. 자신이 좋다면 다른 사람이 어떤 어려움을 겪든지 신경쓰지 않습니다. 그런 모습들을 살펴보면, 사탄이 사람들의 마음을 이끌고 있다는 사실을 강하게 느낄 수 있습니다. 성경에 보면, 마지막으로 사탄이 무저갱에 들어간다고 이야기합니다. 어떤 부부가 서로 자신이 옳다고 다투다가 갑자기 사탄이 떠나가면 어떤 일이 일어나겠습니까?

"우리가 왜 다투지?"

"그러게. 우리가 무슨 일 때문에 다투었지?"

"우리가 미쳤네. 아무것도 아닌 일로 다투고."

아마 이런 일이 일어날 것입니다.

사람들이 우리 마음에 사탄이 역사한다는 사실을 안다면 사는 모습이 많이 달라질 것입니다. 부부가 서로 싸우다가 남편이 빙긋이 웃으며 말합니다.

"여보, 사탄이 당신 속에 그런 생각을 넣어 주는 거야. 사탄에게 속은 거야. 그 생각을 버리면 평안해져."

우리 마음에 역사하는 사탄이 없다면, 그래서 우리가 서로 믿고 사랑하며 산다면 세상이 얼마나 아름답겠습니까! 부부가 서로 사랑해서 결혼했는데, 살다 보면 싫은 마음이 생기고 미움이 일어납니다. 답답하고 화가 나서 서로 다투고 싸웁니다. 뒤에서 사탄이 조종하기 때문입니다. 사탄이 역사하고 있다는 사실을 모르기 때문에, 알아도 사탄을 몰아낼 줄 모르기 때문에 남편은 아내를 들볶고 아내는 남편을 들볶습니다. 만약 사탄이 우리 마음을 지배하지 않는다면 우리가 너무 행복할 것입니다.

종종 저에게 편지를 보내는 형제들이 있습니다. 편지를 뜯어 보면, 자신이 얼마나 어려움을 겪고 있는지 적혀 있습니다. 그런 글을 읽으면 저는 열왕기하 5장에 나오는 계집종이 생각납니다.

나아만 장군의 아내에게 수종 들던 그 계집종은 이스라엘 사람이었습니다. 아람(시리아)이 이스라엘에 쳐들어갔을 때 그 아가씨가 사마리아에서 포로로 잡혀 아람으로 끌려왔습니다. 아람의 군대장관인 나아만의 아내를 섬기는 종이 되었습니다. 계집종이 자신의 신세를 생각하면 얼마나 비참했겠습니까? 그런데 이 아가씨는 슬퍼하거나 괴로워하지 않았습니다. 다른 사람이 갖지 못한 마음의 세계를 가지고 있었기 때문입니다. 나아만은 문둥병에 걸려 있었습니다.

'아, 우리 장군님이 문둥병에 걸렸구나. 사마리아에 계신 엘리사 선지자님은 저 병을 능히 고치실 수 있는데…. 내가 장군님에게 이야기해 주어야겠다. 아, 내가 여기 잡혀온 것이 하나님의 뜻이구나! 장군님에게 이 이야기를 전하라고 하나님이 나를 여기에 보내셨구나. 장군님이 병이 나으면 얼마나 행복해할까? 아람과 이스라엘 사이도 좋아지겠지.'

똑같은 위치에 있지만, 사탄이 주는 눈으로 보면 좋지 않은 형편만 보여서 절망으로 끌려갑니다. 마음에 슬픔과 괴로움밖에 남지 않습니다. 그러나 하나님이 주시는 눈으로 보면 같은 상황이 전혀 다르게 보입니다. 똑같이 암에 걸려도 절망에 빠지는 사람이 있고, 소망을 가지는 사람이 있습니다.

### 사망이 '이김'의 삼킨바 되리라

예수님은 이 땅에 오셔서 우리 죄를 씻으시고, 사망을 멸하신다고 했습니다. 고린도전서 15장 54절에 보면, **"사망이 이김의 삼킨바 되리라고 기록된 말씀이 응하리라."** 라고 했습니다. 사망이 이김에게 삼켜진다는 말은 '이김'이신 예수님이 사망을 삼키신다는 말입니다. 오리가 물속에서 물고기를 잡아 꿀꺽 삼키는 모습을 볼 수 있습니다. 새들은 그냥 삼켜버립니다. 예수님은 죽음을 꿀꺽 삼켜버리셨습니다.

죽음이 사라지면 어떤 일이 일어나겠습니까? 그 시대에 사는 사람이 죽음이 있었던 시대에 살았던 사람에게 묻습니다.

"아빠, 궁금한 게 있어요."

"뭐가 그렇게 궁금한데?"

"아빠, 죽음이 뭐예요?"

"어, 죽음이란 건 말이야, 사람이 죽는 것을 말해."

"사람이 죽어요?"

"지금은 안 죽지만 옛날에는 죽었어. 아빠의 부모님도 죽었어. 부모님이 죽었을 때 우리가 울면서 슬퍼했어."

"그랬어요?"

"그때는 어린아이들도 죽었어. 사고로 물에 빠져서 죽기도 하고, 병에 걸려서 죽기도 하고."

"사람이 물에 빠지거나 병에 걸리면 죽어요? 우리는 안 죽잖아요."

"그때는 그랬어."

"아빠, 그런데 지금은 왜 안 죽죠?"

"예수님이 죽음을 삼켜버리셨어."

"죽음이 있을 때는 사람들이 죽음을 무서워했겠네요?"

"그랬지. 그런데 그때도 죽음은 예수님을 두려워했어. 예수님이 세상에 계실 때 나사로라는 사람이 죽었어. 나사로가 두 여동생과 함께 사는데, 어느 날 죽음이 찾아와서 나사로를 끌고 갔어. 나사로가 죽지 않으려고 애를 썼지만 죽음을 이기지 못해 끌려갔어. 두 여동생도 '오빠, 죽지 마!' 했지만 결국 죽었어. 사람이 죽으면 숨을 쉬지 않고, 그러면 몸이 썩어. 썩은 사람과 같이 살 수 없기 때문에 죽으면 무덤에 넣었어.

죽은 나사로도 굴로 된 무덤에 넣었어. 그런데 예수님이 나사로가 묻힌 무덤으로 가셨어. 무덤을 막아놓았던 돌을 옮긴 뒤 예수님이 말씀하셨어. '나사로야, 나오너라!' 그때 나사로를 꽉 잡고 있던 죽음이 벌벌 떨었어. '이게 누구 목소리야? 예수님 목소리 아니야? 빨리 나사로를 내보내. 예수님이 화나면 우리를 다 삼켜. 그러면 우리는 사라져야 돼.' 나사로를 꽉 잡고 있던 죽음이 얼른 나사로를 놓고 도망갔어. 그래서 나사로가 살아서 무덤 밖으로 걸어나왔어. 동생들이 오빠를 끌어안고 얼마나 기뻐했는지 몰라."

죽음이 없는 시대가 오면, 죽음이 있었던 시절을 이야기하면서 재미있을 것입니다.

"죽음이 많은 사람을 끌고 갔어. 정말 중요한 것은, 죽음이 겁도 없이 예수님도 끌고 갔어. 그래서 예수님이 무덤에서 사흘을 지내셨어. 그 찬송 알지?

　무덤에 머물러 예수 내 구주
　새벽 기다렸네 예수 내 주

사흘이 되던 날 새벽에 예수님이 부활하셨어."

예수님은 3일 동안 죽음에게 잡혀 있었습니다. 사흘째 되던 날 새벽, 예수님은 죽음을 이기고 무덤에서 나오셨습니다. 예수님은 우리 죄를 다 씻고, 사망을 이기고 부활하셨습니다.

예수님이 십자가에 못박혀 돌아가실 때 무덤에 있던 성도들이 많이 일어났다고 했습니다. 예수님이 부활하신 뒤 그들이 무덤에서 나와 거룩한 성에 들어가서 많은 사람에게 보였다고 했습니다. 예수님은 사망을 이기십니다. 사망이 예수님 앞에서 꼼짝하지 못합니다.

**예수님이 계신 곳에는 사망이 도망가기 때문에**

옛날 강원도 어느 산골짝에 한 동네가 있었습니다. 그 동네에는 어찌된 영문인지 뱀이 많았습니다. 뱀이 살기에 좋은 환경이었는지 모르지만 번식을 잘했습니다. 자연히 사람들이 뱀에게 자주 물렸습니다. 뱀 때문에 잠시도 편하게 지낼 수 없었습니다. 어떤 때는 뱀이 부엌으로 들어오고, 어떤 때는 안방까지 들어와서 사람들을 물었습니다. 뱀에 물려서 죽는 사람도 생겼습니다. 뱀 때문에 도저히 살 수가 없어서 정든 고향을 떠나는 사람도 있었습니다.

어느 날, 나이 많은 스님이 그 마을에 왔습니다. 스님이 마을 어느 집에서 짐을 싸고 있는 사람을 보고 물었습니다.

"왜 짐을 쌉니까?"

"이 마을을 떠나려고요."

"어디 좋은 곳으로 갑니까?"

"아니오. 이 마을에서 살 수가 없어서 떠납니다."

"마을에 무슨 일이 있습니까?"

"뱀이 너무 많아서 살 수가 없습니다."

"그러면 뱀을 없애면 되지, 고향을 왜 떠납니까?"

"그렇게 할 수만 있으면 얼마나 좋겠습니까? 그런데 아무리 잡아도 뱀이 줄어들질 않습니다."

"뱀을 없앨 수 있는 좋은 방법이 있습니다."

"그게 뭡니까?"

"집집마다 돼지를 키우면 됩니다. 돼지를 우리에 가두어 키우지 말고 밖에 내놓고 키우면 됩니다."

"아니, 돼지가 뱀을 잡습니까?"

"내 이야기대로 한번 해봐요."

마을 사람들이 나이 많은 스님 말대로 돼지를 키웠습니다. 그러자 돼지가 뱀이 나타나면 다 잡아먹었습니다. 뱀이 돼지를 물어도 비계가 두꺼워서 아무 영향이 없었습니다. 돼지가 뱀을 전혀 두려워하지 않고 좋은 먹을거리로 여겨 뱀이 보이면 무조건 잡아먹었습니다. 그 마을 사람들이 돼지 덕분에 편하게 살게 되었다고, 마을 이름을 '돼지 해亥'에 '은혜 은恩'을 더해 '해은동'이라고 지었다고 합니다.

예수님이 십자가에 못박혀 죽으시고 부활하셔서 사망을 삼키셨습니다. 사망은 예수님 앞에서 꼼짝을 못 합니다. 예수님이 계신 곳에는 사망이 도망가기 때문에 나사로도 살아나고, 나인 성 과부의 아들도 살아났습니다. 예수님이 십자가에 못박혀 죽으실 때 무덤에 있던 많은 성도들이 일어났습니다. 그들이 예수님이 부활하신 뒤 무덤에서 나와 거룩한 성에 들어가서 사람들에게 보였다고 했습니다.

우리가 현재 몸을 가지고 사는 동안에는 죽음을 봅니다. 때가 되면 사망이 사라져서 다시는 사망을 보지 못할 것입니다. 그때가 되면 "옛날에 우리 아버지가 돌아가셨을 때….".라는 이야기를 할 것입니다. 죽음이 있는 세상은 다시 돌아갈 수 없는 옛날 이야기가 될 것입니다.

예수님은 사망을 이기셨습니다. 사망이 모든 인간을 삼킬 수 있는 것 같았지만, 예수님이 사망을 없애버리셨습니다. 죄가 없고, 고통이 없고, 죽음이 없는 세계를 예수님이 만드십니다.

120강

# 자기 새 무덤에 넣어두고

"저물었을 때에 아리마대 부자 요셉이라 하는 사람이 왔으니 그도 예수의 제자라. 빌라도에게 가서 '예수의 시체를 달라' 하니 이에 빌라도가 내어주라 분부하거늘 요셉이 시체를 가져다가 정한 세마포로 싸서 바위 속에 판 자기 새 무덤에 넣어두고 큰 돌을 굴려 무덤 문에 놓고 가니"(마 27:57~60)

### 장사될 무덤도 없어 아리마대 요셉의 무덤을 빌리셨다

예수님이 십자가에 못박혀 돌아가셨을 때, 아리마대에 사는 요셉이라는 부자가 빌라도에게 가서 예수님의 시체를 달라고 부탁했습니다. 빌라도가 군병들에게 예수님의 시체를 내주라고 했습니다. 요셉이 예수님의 시체를 정한 세마포로 싼 뒤, 자신이 쓰려고 바위에 판 무덤에 예수님의 시체를 넣고 큰 돌을 굴려 무덤 문을 막았습니다.

　이런 사실들을 보면, 예수님과 저는 다른 점이 정말 많습니다. 제가 집에 가서 한번씩 옷장을 열어 보면 옷이 가득합니다. 양복도 여러 벌이 됩니다. 신발장을 열어 보면 구두도 있고, 운동화도 있습니다. 내가 사는 데 필요한 많은 물건들이 집에 있습니다. 저는 자주 '나는 예수님과 이런 부분이 많이 달라'라는 사실을 느낍니다.

　저는 경상북도 선산에서 태어났습니다. 조용하고 아름다운 시골 동네였습니다. 초등학교를 다닐 때 저는 물고기 잡는 것을 좋아했습니다. 저보다 네 살 어린 동생과 함께 자주 물고기를 잡으러 다녔습니다. 제가 초등학교에 다닐 때는, 한국전쟁 직후로 학교가 불타서 공부할 수 있는 교실이 많지 않았습니다. 한 교실을 오전반과 오후반으로 나누어 사용했습니다. 제가 오전반에 가서 공부하고 집에 돌아오면 점심을 먹고 동생과 물고기를 잡으러 갔습니다.

　물고기를 잡는 방법이 여러 가지 있었습니다. 낚시도 재미있었습니다. 낚시 도구가 비싸서 살 수 없으니까 대나무 빗자루에서 대나무를 하나 뽑아서 낚싯대로 사용했습니다. 낚싯줄은 시멘트 포대 실을 사용했습니다. 낚시 바늘만 사면 됐습니다. 낚시찌는 수수깡으로 만들었습니다. 낚시를 하면 재미있는 것이, 찌가 움직이는 것만 봐도 어떤 물고기가 물었는지 알 수 있었습니다. 피라미들이 물면 찌가 가볍게 흔들리고, 메기가 물면 수수깡으로 만든 찌가 물 속으로 푹푹 들어갔습니다.

　낚시를 하다 지겨우면 쇠 망을 들고 물고기를 잡았습니다. 흐르는 물의 한쪽 가에 쇠 망을 대놓고, 동생이 앞에서 물장구를 치며 왔다갔다 하면 고기들이 놀라서 망 안으로 들어왔습니다. 한 손으로 쇠 망을 잡고, 한 손은 망에 대고 있으면 물고기들이 들어와 부딪히는 것이 느껴졌습니다. 그 감각이 짜릿했습니다. 얼른 망을 들어올리면 망 속에 있는 물고기에 햇빛이 반사되어 반짝거렸습니다.

더 재미있는 방법도 있었습니다. 물이 고여 있는 곳에 더이상 물이 들어오지 못하게 막은 뒤, 그 물을 퍼내면 두세 시간이면 다 퍼낼 수 있었습니다. 나중에는 물고기만 남았습니다. 물고기들을 밖으로 던지면 동생이 파닥거리는 고기들을 양동이에 담았습니다. 고기 잡는 것이 정말 재미있었습니다. 그때 우리는 시골의 조그마한 초가집에서 살았고 가난했지만 즐거웠습니다.

요즘은 사는 것이 많이 좋아졌습니다. 옛날 우리 어머니는 비누가 없어서, 빨래할 때 불을 때고 남은 재를 물에 타서 우려낸 잿물을 사용했습니다. 수도는 상상도 못하고 늘 물동이에 물을 떠서 이고 다니셨습니다. 제 아내는 우리 어머니보다 훨씬 편하게 아이들을 길렀습니다. 제 며느리가 아이들을 키우는 것을 보면 제 아내 때와는 비교가 안 될 만큼 좋아졌습니다.

한국은 특별히 빠르게 발전해서 사는 것이 정말 풍요롭습니다. 우리가 많은 것을 누리며 삽니다. 예수님은 세상에 계실 때 아무것도 없이 사셨습니다. 세상에 오실 때 태어날 방이 없어서 마구간에서 태어나셨습니다. 세상에서 사시는 동안에도 아무것도 없이 지내셨습니다. 집도 없고 쉴 방도 없어서 감람산에서 기도하다가 잠이 드셨습니다. 제대로 씻지도 못하셨을 테고, 옷을 자주 갈아입지도 못하셨을 것입니다. 입고 있던 옷 그대로 입고 주무셨다가, 아침이 되면 다시 사람들에게 말씀을 전하셨습니다. 십자가에 못박히기 위해 예루살렘에 들어가실 때에도 나귀 새끼를 빌려 타고 가셨습니다. 최후의 만찬을 가질 방도 빌리셨습니다. 마지막으로, 십자가에 못박혀 죽으신 뒤 장사될 무덤도 없어서 아리마대 사람 요셉의 무덤을 빌리셨습니다. 예수님은 세상에서 아무것도 가지지 않고 전부 빌려서 쓰셨습니다.

**예수님은 지금도 빌리고 계신다**

제가 하고 싶은 이야기가 있습니다. 예수님은 지금도 빌리고 계신다는 것입니다. 예수님은 부활하고 승천하신 뒤, 이 땅에 복음을 전하기 위하여 사람들의 몸을 빌리셨습니다. 많은 사람의 몸을 빌려서 복음을 전하셨고, 제 몸도 빌리셨습니다. 지난 수십 년 동안 예수님은 나처럼 쓸모없는 인간의 몸을 빌려서, 이 안에 당시의 마음을 넣어 주셨습니다. 그래서 내가 사는 것이 아니라 예수님이 내 몸 안에 사시는 것이 되었습니다.

　복음을 전하기 위해 내 몸을 빌려 쓰시면서 몸이 감기에 걸리면 고쳐 주셨습니다. 위장이 안 좋을 때에도 고쳐 주시고, 심장이 안 좋을 때에도 고쳐 주셨습니다. 예수님이 내 몸을 고쳐 주며 지금까지 이끌어 오셨습니다. 저는 나이가 많이 들었습니다. 내가 이렇게 오래 살 줄 몰랐습니다. 한편으로는 '언제 이렇게 나이가 들었나?'라는 생각이 듭니다. 꼭 다른 사람들이 자기 나이를 저에게 넘긴 것 같습니다.

　1962년 가을, 제가 구원받았을 때 예수님의 은혜가 너무 감사해서 헌금을 드리고 싶었습니다. 그런데 그때는 가난해서 돈이 한 푼도 없었습니다. 조금이라도 드리고 싶었지만 돈이 생기지 않았습니다. 예수님께 감사한 마음을 표현할 수 없어서 마음이 너무 아팠습니다. 이런 찬송가가 있습니다.

*늘 울어도 눈물로써*
*못 갚을 줄 알아*
*몸밖에 드릴 것 없어*
*이 몸 바칩니다*

제가 기도했습니다.
"주님, 제가 주님께 감사해서 무엇을 드리고 싶은데 드릴 것이 없습니다. '몸밖에 드릴 것 없어 이 몸 바칩니다'라는 찬송이 생각납니다. 그런데 주님, 나 같은 인간을 어디다 쓰겠습니까? 아무 쓸모가 없는 몸이지만 주님이 쓰신다면 이 몸을 드리겠습니다."

그때 저는 내가 목사가 된다거나 복음 전도자가 된다는 것은 상상도 못했습니다. 아무리 살펴보아도 나 같은 인간은 쓸모가 없었습니다. 제가 예수님을 위해 할 수 있는 일이 무엇이 있을지 생각해 보았습니다. 그때 우리나라는 한국전쟁이 끝나고 얼마 지나지 않아 남편 없이 아이들과 함께 사는 여자들이 많았습니다. 가끔 일이 있어서 그런 집에 가보면, 지붕이 새서 비가 떨어지는데도 고치지 못해 그냥 지냈습니다. 방바닥에 구들이 깨져도 고치지 못해 연기가 방으로 들어오고, 문이 떨어져 있는데 고치지 못해 그대로 지냈습니다. 그런 사람들을 위해 지붕을 고치고, 방구들을 고치고, 방문은 고쳐줄 수 있겠다는 생각이 들었습니다. 그렇게 살아도 행복하겠다는 마음이 들었습니다.

저는 쓸모없는 사람이었지만, 예수님이 나를 복음을 전할 수 있도록 점점 인도하시는 것을 보았습니다. 예수님이 나를 만들어 가시는 것을 보았습니다. 예수님이 나에게 말씀하셨지만, 처음에 저는 그 이야기를 알아들을 수 없었습니다.

"박옥수야, 내가 네 몸을 좀 쓸게. 내가 너를 사용하고 싶어. 내가 네 입을 통해서 복음을 전하고 싶어. 내가 너를 들어서 땅끝까지 복음을 전하게 할 거야."

저는 예수님이 나에게 말씀하시는 음성을 듣지 못했습니다. 그런 저를 예수님이 그냥 이끌어 가셨습니다. 제가 선교학교에 가게 되었고, 복음을 전하기 시작했습니다. 저는 복음을 잘 전하는 사람이 아니었습니다. 여러 가지 부족한 것이 많았습니다. 예수님이 똑똑한 사람을 택하시지 않고 저를 택해 주신 것이 너무 감사했습니다. 지난 수십 년 동안 하나님이 저에게 정말 많은 일을 하시는 것을 보았습니다.

**여러분의 몸을, 마음을 누구에게 빌려드리겠는가?**

예수님은 마구간을 빌려 태어나셨고, 예루살렘에 들어갈 때 나귀를 빌려 타셨고, 최후의 만찬 자리도 빌리셨습니다. 십자가에 못박혀 죽어 무덤도 빌리셨습니다. 예수님은 내 몸도 빌리셨습니다. "박옥수야, 내가 네 몸을 쓰고 싶다." 저는 그 말씀을 알아듣지 못했지만 예수님이 그 길로 저를 이끌어 주셨습니다. 성경을 배우고, 믿음을 배우고, 예수님에 대해 알게 되었습니다.

처음 복음을 전할 때에는 구원받는 사람이 많지 않았습니다. 복음을 전하면 많은 사람들이 우리를 핍박했습니다. 그때 저는 늙어 죽을 때까지 대여섯 명을 앉혀놓고 복음을 전할 것이라고 생각했습니다. 그런데 어느 날 보니 우리 교회에 성도가 가득했습니다. 전 세계에 선교사를 보냈고, 세계 곳곳에서 구원받는 사람들이 수없이 일어났습니다. 하나님이 그렇게 일하셨습니다. 선교사들이 일하는 곳에 가보면 하나님이 하신 일들이 너무 놀랍습니다.

세월이 많이 흘러 어디에 가든지 제가 나이가 제일 많은 축에 속합니다. 그런데도 주님이 건강하게 해주셔서 쉬지 않고 복음을 전할 수 있어서 감사합니다. 또한 복음을 전할 문을 계속 열어 주시는 것을 생각할 때 감사합니다.

해마다 미국에서 가진 크리스마스 칸타타 순회공연 때 우리가 복음을 전했습니다. 정말 많은 사람들이 그라시아스합창단의 공연을 보고 감동하고, 성탄 메시지 시간에 전해진 복음을 마음에 받아들였습니다. 저는 그 현장에 직접 서기도 하고, 때로는 사진으로 보기도 했지만, 볼 때마다 감격스러웠습니다. 한번은 케냐 야요 스타디움에서 집회를 가졌는데, 수많은 사람들이 집회에 와서 비를 맞아가면서 말씀을 듣는 모습이 너무 아름답고 귀하게 보였습니다.

예수님이 우리 몸을 빌려서 쓰고 계십니다. 예수님이 우리 몸의 연약한 것을 치료해 주시고 은혜를 베푸십니다.

저는 한 사람 한 사람에게 하고 싶은 이야기가 있습니다. 여러분의 몸을 어디에 쓰는 것이 제일 좋겠습니까? 제가 아들을 미국에 선교사로 보내면서 이야기했습니다.

"영국아, 내 이야기를 듣거라. 네가 미국에 가면 너를 장관 시켜줄 사람이 없을 거다. 그런데 혹시 누가 너를 장관 시켜준다고 해도 그거 하지 말고 복음을 전해라. 누가 너를 대학 총장을 시켜주지 않겠지만, 대학 총장을 시켜준다고 해도 그거 하지 말고 복음을 전해라."

제 아들이 제가 한 이야기를 듣고 지금도 복음을 전하고 있습니다. 생각하면 얼마나 감사한지 모릅니다. 장관은 장관 일을 하고 대학 총장은 총장 일을 하지만, 우리는 하나님의 일을 합니다. 장관은 한 나라를 위해 일하지만 우리는 영원히 멸망받을 생명을 구원하는 귀한 일을 하고 있습니다. 예수님이 우리를 잡으시면 우리가 예수님이 하실 일을 합니다. 그것이 얼마나 감사한 일인지 말로 다 할 수가 없습니다. 참으로 하나님을 찬양하고, 하나님께 영광을 돌려드리고 경배를 드립니다. 하나님이 정말 감사합니다.

여러분은 여러분의 몸을, 여러분의 마음을 누구에게 빌려드리겠습니까? 가룟 유다처럼 사탄이 넣어준 생각을 좇아 멸망의 길을 가겠습니까? 여러분을 사탄에게 빌려주지 마십시오. 예수님께 빌려주시기 바랍니다.

"예수님, 저를 어디에 써도 좋으니 사용만 해주십시오. 화장실 청소를 하라고 하시면 하고, 마당을 쓸라고 하시면 쓸겠습니다."

예수님에게 우리 몸을 드리면, 예수님을 섬기면 그보다 복된 일이 없고 영광스러운 일이 없을 줄 믿습니다. 세상에 오셔서 모든 것을 빌려 살다가 떠나신 예수님이 우리 몸을 빌려 사용하셔서, 우리를 통해 예수님의 삶이 나타나게 되기를 바랍니다.

## 121강

# 말씀하시던 대로
# 살아나셨느니라

"안식일이 다하여 가고 안식 후 첫날이 되려는 미명에 막달라 마리아와 다른 마리아가 무덤을 보려고 왔더니 큰 지진이 나며 주의 천사가 하늘로서 내려와 돌을 굴려내고 그 위에 앉았는데 … 천사가 여자들에게 일러 가로되, 너희는 무서워 말라. 십자가에 못박히신 예수를 너희가 찾는 줄을 내가 아노라. 그가 여기 계시지 않고 그의 말씀하시던 대로 살아나셨느니라. 와서 그의 누우셨던 곳을 보라."(마 28:1~6)

### 제자들 가운데 누구도 예수님의 부활을 기다리지 않았다

이제 우리는 마태복음 28장으로 넘어갑니다. 28장에서 예수님께서 부활하십니다. 예수님이 부활했다는 사실을 천사가 제일 먼저 마리아에게 일러 주었습니다.

예수님이 세상에 계실 때 '내가 죽었다가 사흘 만에 부활한다'고 여러 번 말씀하셨습니다. 너무 신기한 것은, 예수님이 그렇게 여러 번 말씀하셨는데도 제자들 가운데 누구도 예수님의 부활을 믿거나 그 일을 마음에 간직한 사람이 없었습니다. 만일 제자들이 예수님이 십자가에 못박혀 죽으신 뒤 사흘 만에 부활하신다는 이야기를 마음에 받아들였다면 그 말씀이 마음에 남아 있었을 것입니다. 그러면 제자들이 어떻게 했겠습니까?

"예수님이 십자가에 못박혀 죽으셨다가 사흘 만에 부활한다고 하셨잖아. 정말 부활하실까?"

"예수님이 말씀하신 대로 십자가에 못박혀 죽으셨으니까 말씀하신 대로 부활하실 수도 있지."

제자들 마음에 예수님이 부활하시다는 말씀이 남아 있었다면, 그들은 어떤 모습으로든 부활을 기다렸을 것입니다. 사흘이 되던 날 새벽에 무덤에 가보았을지 모릅니다. 그러나 그들은 예수님이 부활하신다는 말씀을 믿지 않았습니다. 예수님이 부활하실 것을 기대하지도 않았습니다. 더 나아가, 예수님이 부활하신 것을 보았다는 사람의 말도 믿지 않았습니다.

우리가 많은 성경 말씀을 듣지만, 말씀이 믿음으로 마음에 들어와 있을 때 그 말씀이 살아 있습니다. 믿음이 없을 때에는 마음에 말씀이 남아 있지 않습니다. 제자들은 예수님이 십자가에 못박혀 죽으신다는 이야기조차 부담스러워했습니다. 그러니 예수님이 부활하신다는 이야기는 어느 누구도 마음에 받아들이지 않았습니다.

하나님의 말씀이 믿음으로 우리 마음에 들어와서 자리를 잡아야 합니다. 성경을 보면, 창세기 1장에서 하나님의 말씀에 의해 모든 것이 지어집니다. 하나님이 "빛이 있으라." 하시니 빛이 있었습니다. "땅은 풀과 씨 맺는 채소와 각기 종류대로 열매 맺는 과목을 내라." 하시니 그대로 되었습니다. 이 세상을 만든 것은 말씀입니다. 학자들은 지구가 생긴 뒤에 외부에서 에너지가 왔다고 말합니다. 하나님께로부터 에너지가 지구에 왔습니다. 말씀이 땅에 임해 땅을 변화시켰습니다.

빛이 있어도 비추지 못하게 가로막으면 빛을 볼 수 없듯이, 의심으로 하나님의 말씀을 가로막는 사람은 말씀을 등져 하나님의 역사를 보지 못합니다. 예수님이 십자가에 못박혀 죽었다가 사흘 만에 살아난다고 분명히 말씀하셨지만, 제자들은 그 이야기가 부담스러워서 '왜 저런 이야기를 하시지?' 하고 마음에 두지 않았습니다. 그 말씀이 제자들의 마음에 있었다면 "예수님이 말씀하신 대로 돌아가셨잖아. 그렇다면 사흘 만에 살아난다고 하셨으니 살아나실 거야."라고 했을 것입니다. "사흘 후면 그 결과를 분명히 알 수 있으니 기다리자." 했을 것입니다.

그러나 제자들 가운데 누구도 예수님의 부활을 기다리지 않았습니다. 그들은 예수님의 부활을 마음에 받아들이지 않았지만, 예수님은 당신이 말씀하신 대로 사흘 만에 부활하셨습니다. 손바닥에 못 자국을, 옆구리에 창 자국을 그대로 가지신 채로 예수님은 부활하셨습니다. 부활하신 예수님은 제자들에게 나타나시고, 많은 사람들에게 보이셨습니다. 제자들이 부활하신 예수님을 만나 슬픔과 좌절에서 벗어나 기뻐하고 즐거워하기 시작했습니다. 마음이 담대해지기 시작했습니다.

**우리를 의롭다 하심을 위하여 살아나셨느니라**

부활은 많은 의미를 가지고 있습니다. 먼저 로마서 4장에는 이렇게 기록되어 있습니다.

"**예수는 우리 범죄함을 위하여 내어줌이 되고, 또한 우리를 의롭다 하심을 위하여 살아나셨느니라.**"(롬 4:25)

예수님이 부활하신 것은 우리가 의롭게 되었음을 증거합니다. 예수님이 우리에게 이렇게 말씀하실 것입니다.

"내 손에 있는 못 자국을 봐. 내 옆구리에 있는 창 자국을 봐. 네 죄 때문에 내가 형벌을 당한 거야. 네 죄의 벌을 다 받아서 네 죄가 다 씻어졌어. 내가 십자가에 못박힌 것은 네 죄를 씻어서 너를 의롭게 만들기 위함이야. 내가 죽어서 네 죄가 다 씻어졌어. 죄가 하나도 없어. 너는 의로워."

예수님이 부활하실 때 못 자국이나 창 자국을 얼마든지 없앨 수 있지만, 영원히 그 흔적을 가지고 계십니다. 그리고 언제나 말씀하실 것입니다.

"이 못 자국이, 이 창 자국이 네 죄를 다 씻어서 네가 의롭게 되었다는 증거야."

로마서 3장에서 이렇게 이야기합니다.

"**모든 사람이 죄를 범하였으매 하나님의 영광에 이르지 못하더니, 그리스도 예수 안에 있는 구속으로 말미암아 하나님의 은혜로 값 없**

이 의롭다 하심을 얻은 자 되었느니라."(롬 3:23~24)

한번은 어느 변호사님에게 복음을 전하면서 이 말씀을 이야기하자, 그분이 깜짝 놀라면서 "목사님, 이것은 판결문입니다."라고 했습니다. 재판을 하면 판사가 판결문을 작성하는데, 보통 이런 형식으로 되어 있다고 합니다. '피고는 어떤 죄를 지었다. 따라서 중벌을 받아 마땅하다. 그러나 피고가 뉘우치고 지은 죄가 고의라고 보기 어려워 징역 O년에 처한다.' 로마서 3장 23~24절이 그렇게 되어 있다고 했습니다. '모든 사람이 죄를 범해 하나님의 영광에 이르지 못했다. 그러나 예수 그리스도가 이룬 구속으로 말미암아 하나님의 은혜로 값없이 의롭게 되었다.'

제가 나중에 '하나님은 왜 로마서 3장에 판결문을 기록해 놓으셨을까?' 생각해 보았습니다. 사람들이 '내가 예수님을 믿지만 죽어서 천국에 갈 수 있을까? 하나님이 지옥에 가라고 하면 어떻게 할까?'라고 염려할 것 같았습니다. 그래서 하나님이 당신의 판결문을 미리 기록해 놓으셨다는 생각이 들었습니다.

"김 형제, 하나님이 형제를 이렇게 판결하신대."

어느 날 제가 죽어서 하나님 앞에 섭니다. 그러면 하나님이 말씀하십니다.

"너는 죄를 지어서 멸망을 당해 마땅하다. 그러나 예수 그리스도가 너 대신 죽어 죄의 값을 다 치러서 네가 의롭게 되었다."

예수님은 이 사실을 증거하기 위해 부활하셨습니다. 예수님은 우리가 죄를 지은 것을 인하여 내어줌이 되셨고, 또한 우리를 의롭다고 하려고 살아나셨습니다.

"예수는 우리 범죄함을 위하여 내어줌이 되고, 또한 우리를 의롭다 하심을 위하여 살아나셨느니라."(롬 4:25)

## 죽은 자 가운데서 다시 살아 첫 열매가 되셨도다

부활의 다른 의미를 이야기해 보겠습니다. 예수님은 부활의 첫 열매가 되셨습니다.

**"그러나 이제 그리스도께서 죽은 자 가운데서 다시 살아 잠자는 자들의 첫 열매가 되셨도다."**(고전 15:20)

구약 성경에 보면, 이스라엘 백성이 지켜야 하는 5대 절기가 있습니다. 유월절, 초곡절, 오순절, 나팔절, 초막절입니다.

유월절은 예수님이 십자가에 못박혀 돌아가심으로써 우리가 구원받는 것을 보여 줍니다. 예수님이 유월절 어린양이 되어 죽으심으로 말미암아 우리에게 임할 심판이 넘어갔습니다.

초곡절은 처음 익은 곡식을 흔들어 하나님께 제사를 드리는 절기입니다. 바로 예수님이 부활의 첫 열매가 되신 것을 보여 줍니다. 어떤 나무에 사과가 열렸으면 그 나무에서는 계속 사과가 열립니다. 사과가 열린 뒤 감이 열리고, 다시 복숭아가 열리고 하지 않습니다. 어떤 밭에 곡식을 심어서 첫 열매를 거두면 그 밭에서는 계속 그 곡식을 수확합니다. 첫 곡식과 똑같은 곡식을 거둡니다. 예수님이 부활하신 것처럼 우리도 똑같이 부활한다는 사실을 성경이 보여 줍니다. 예수님이 부활하신 것은 우리도 장차 예수님처럼 부활할 것이라는 소망을 가져다줍니다.

예수님이 십자가에 못박혀 죽으셨고, 장사지낸 바 되셨으며, 사흘 만에 부활하셨습니다. 이것이 복음입니다. 예수님은 죽음으로 우리 죄를 씻으셨고, 부활함으로 우리가 의롭게 되었다는 사실을 증거하셨으며, 또한 우리도 예수님처럼 부활할 것이라는 소망을 주셨습니다.

거듭난 성도들은 예수님이 다시 오실 때 다 부활할 것입니다. 생각만 해도 너무나 놀랍습니다. 우리 선교회에서도 함께 복음을 전하다가 먼저 하나님 품으로 간 분들이 많습니다. 제 아버지와 형님도 구원을 받고 세상을 떠나셨습니다. 이 모든 분들이 부활하는 그날 우리가 얼마나 영광스럽고 즐겁겠습니까! 우리가 부활해서 예수님과 함께 영원히 거할 소망을 하나님이 우리에게 주셨습니다.

**예수님이, 전에 갖지 못했던 새로운 마음을 만드셨다**

예수님께서 성경대로 우리 죄를 씻기 위해 십자가에 못박혀 죽으셨고, 장사지낸바 되었다가, 성경대로 사흘 만에 다시 살아나셨습니다. 부활하신 예수님이 제자들에게 당신을 보이셨습니다. 이제 우리는 이 세상에 예수님의 부활을 증거해야 합니다. 예수님의 부활로 우리가 의롭게 되었다는 사실이 확증되었고, 예수님의 부활로 우리도 똑같이 부활할 것이라는 소망을 갖게 되었습니다. 많은 사실이 예수님의 부활 속에 들어 있습니다.

사람들 가운데 종종 기절했다가 깨어난 사람이 있습니다. 식물인간으로 오래 지내다가 깨어난 사람도 있습니다. 어떤 사람은 숨이 멎었다가 얼마 뒤에 깨어나기도 합니다. 그렇게 같은 몸으로 깨어나는 것이 아니라, 우리는 예수님과 같은 몸으로 부활할 것입니다. 온전한 부활을 경험할 것입니다.

예수님이 부활하시자 엠마오로 가던 제자들이 돌아왔습니다. 부활하신 예수님이 약속하신 대로 갈릴리로 가서 제자들을 만나셨습니다. 제자들이 부활하신 예수님을 보고 기쁨을 얻고 소망을 가졌습니다. 제자들이 다시 예루살렘에 모였습니다.

저는 예수님이 부활하신 것을 내 마음에서 강하게 느낍니다. 전에는 내 안에 예수님이 계시지 않았지만, 예수님이 내 죄를 다 씻으신 사실을 믿음으로 받아들인 때부터 예수님이 내 안에서 일하시기 시작했습니다. 전에 갖지 못했던 새로운 마음을 만드셨습니다. 그것이 정말 놀라웠습니다. 제가 한번씩 제 마음을 더듬어 봅니다.

'이건 내 마음이 아니야. 원래 내 마음은 이렇게 깨끗하지 않았어. 이렇게 거룩하지 않았어. 전에는 내 마음이 악으로 가득 차고, 더러운 것들이 가득했어. 내가 이렇게 깨끗한 마음을 갖게 된 것은 하나님의 은혜야. 이것은 내 마음이 아니라 예수님의 마음이야.'

제가 예수님을 마음에 모신 뒤 기뻐하고 즐거워할 수 있었습니다.

몸이 안 좋은 분들, 나이가 많이 들어서 몸이 불편한 분들, 잠시만 기다리십시오. 우리가 부활할 때 아픈 몸, 주름진 얼굴이 사라지고 온전한 몸을 입게 될 것입니다.

**122강**

# 우리가 잘 때에
# 그를 도적질하여 갔다

"여자들이 갈제 파수꾼 중 몇이 성에 들어가 모든 된 일을 대제사장들에게 고하니 그들이 장로들과 함께 모여 의논하고 군병들에게 돈을 많이 주며 가로되 '너희는 말하기를 "그의 제자들이 밤에 와서 우리가 잘 때에 그를 도적질하여 갔다" 하라. 만일 이 말이 총독에게 들리면 우리가 권하여 너희로 근심되지 않게 하리라' 하니 군병들이 돈을 받고 가르친 대로 하였으니 이 말이 오늘날까지 유대인 가운데 두루 퍼지니라."(마 28:11~15)

예수님의 무덤을 군병들이 지켰습니다. 예수님이 부활하실 때 파수하던 군병들이 정신을 잃었다가 나중에 성에 들어가서 대제사장들에게 된 일을 이야기했습니다. 대제사장들이 군병들에게 돈을 많이 주면서 "밤에 우리가 잘 때에 예수의 제자들이 와서 그 시체를 몰래 도둑질해갔다."라고 말하라고 시켰습니다. 파수꾼들을 돈으로 매수한 것입니다. 사실 파수꾼들이 밤에 잘 때에 예수님의 시체를 도둑맞았다면 그 책임을 물어 죽임을 당해야 했습니다. 그러니 제자들이 예수님의 시체를 가져가도록 둘 리 없었습니다. 잠시 후, 예루살렘에 두 가지 이야기가 떠돌았습니다. 하나는, 제자들이 말하는 예수님이 부활하셨다는 참된 이야기였습니다. 다른 하나는, 예수님의 제자들이 시체를 훔쳐갔다는 거짓된 이야기였습니다.

### 얼마나 많은 그리스도인들을 옥에 가두고 채찍질했던가?

제가 신앙생활을 하면서 배우고 경험한 사실들이 많습니다. 그 가운데 하나가 '나를 믿는 믿음'입니다. 우리가 하나님을 믿기 전에는 자기밖에 믿을 존재가 없어서 자신을 믿고 살았습니다. 그러다가 신앙생활을 하면서 '나'라는 존재를 서서히 발견하게 됩니다. 자신의 생각과 다르게, 너무 악하고 더럽고 추한 것을 발견하게 됩니다. '나는 정말 더러운 인간이구나. 나를 믿으면 안 되겠구나.' 마음의 세계에서 가장 깊은 세계는 자기를 믿지 않는 세계입니다.

사람들이 구원받고 교회에 와서 신앙생활을 하면서 자신을 믿고 산 것이 잘못되었다는 사실을 깊이 깨닫습니다. 그 사실을 깨달으면 깨달을수록 자신을 믿지 못합니다. 자신이 너무 추하고 악하기 때문에 자기 생각대로 살면 안 된다는 사실을 압니다.

사람들은 대부분 자기를 믿습니다. 자신을 믿는 사람과 믿지 않는 사람은 어떤 이야기를 들었을 때 반응이 다릅니다. 자신을 믿는 사람은, 이야기가 그럴 듯하면 사실이라고 여기고 이해가지 않으면 거짓이라고 여깁니다. 이스라엘 백성들이 예수님이 부활하셨다는 이야기를 들었을 때 말이 안 되는 것 같았기에 거짓말이라고 여겼습니다. 그리고 파수꾼들이 퍼트린, 예수님의 제자들이 예수님의 시체를 훔쳐갔다는 말은 이해가 되니까 그것이 사실이라고 여겼습니다. 그러나 자신을 믿지 않는 사람은, 이야기를 듣고 사실 여부를 찬찬히 알아본 뒤 결정을 내립니다.

예수님의 부활을 믿지 않은 사람 가운데 유명한 한 사람이 사울(사도 바울)이었습니다. 사울은 자신을 믿었기 때문에, 예수님이 부활하셨다는 이야기를 들었을 때 바로 '십자가에 못박혀 죽은 사람이 어떻게 살아날 수 있어?'라고 생각했습니다. 예수님의 제자들이 선량한 사람들을 미혹해서 사회를 어지럽게 만든다고 생각했습니다. '예수를 믿는 자들은 사회악이야. 사람들을 잘못된 곳에 빠지게 만들어.'

사울이 그리스도인들을 핍박하기 시작했습니다. 수많은 사람을 잡아 옥에 넘기고 죽이는 일을 했습니다. 예루살렘에서만 그런 일을 한 것이 아니라, 다메섹에도 그리스도인이 많다는 소식을 듣고 그들을 잡으러 다메섹으로 갔습니다. 그가 다메섹 가까이 갔을 때 갑자기 밝은 빛이 비추어 눈을 뜰 수 없었습니다. 사울이 쓰러지자 소리가 들렸습니다.

"사울아, 사울아, 네가 어찌하여 나를 핍박하느냐?"

"주여, 뉘시오니이까?"

"나는 네가 핍박하는 예수라."

사울이 깜짝 놀랐습니다. 그리스도인들이 말한 대로 예수님이 부활하신 것이 사실이었기 때문입니다.

'예수님이 부활하신 것이 맞았구나. 나는 확인도 해보지 않고 그냥 내 생각만 믿었구나. 그로 인해 내가 얼마나 많은 그리스도인들을 핍박하고 옥에 가두고 채찍질했던가? 얼마나 많은 사람들이 나 때문에 고통을 당하고 괴로움을 겪어야 했던가? 이제 나를 믿어서는 안 되겠구나!'

사울은 자신이 얼마나 잘못했는지 알고 돌이켰습니다. 이제는 자신의 생각을 믿을 수 없었습니다. 자연히 하나님의 인도를 따라 살았습니다.

**진리를 전하면 항상 거짓말하는 사람들이 왜곡하는 일을 한다**

예수님이 부활하신 뒤 이스라엘 땅에 '제자들이 예수님의 시체를 훔쳐갔다'는 이야기가 퍼졌습니다. 그런 이야기를 들을 때 사람들이 되물어야 했습니다.

"어떻게 훔쳐갔는데?"

"훔쳐가는 것을 누가 보았대?"

"무덤을 막은 큰 돌을 옮기고 시체를 훔쳐가는 동안 파수한 군병들이 아무도 모르고 다 자고만 있었다고?"

"다 자고 있었는데 제자들이 훔쳐간 것은 어떻게 알아?"

찬찬히 따져보면 앞뒤가 맞지 않는 이야기입니다. 그래도 자기 마음에 들면 받아들입니다. 자기 판단을 믿기 때문입니다.

우리가 진리를 전하면, 항상 거짓말하는 사람들이 진리를 왜곡하는 일을 합니다. 복음을 전할 때마다 방해하고 대적하는 사람들이 있습니다. 그런 이야기를 들으면 안 됩니다. 성경을 펴고 찬찬히 따져 봐야 합니다.

성경을 보면, 사람들이 자신을 믿어서 예수님과 부딪히는 이야기가 많이 나옵니다. 회당장 야이로가 자기 딸이 죽어가는데 무슨 수를 써도 낫지 않아, 마지막으로 예수님께 소망을 두고 예수님을 찾아갔습니다. 예수님 앞에 엎드려 딸을 살려 달라고 간곡히 부탁드렸습니다. 예수님이 야이로를 따라서 그의 집으로 갔습니다.

가는 길에 열두 해를 혈루증으로 고생하던 여인이 예수님의 옷자락을 만졌습니다. 예수님의 옷자락만 만져도 병이 낫겠다는 마음이 들었기 때문입니다. 예수님이 돌아보며 "내게 손을 댄 자가 누구냐?" 하셨습니다. 여자가 자신이 행한 일을 이야기하고, 예수님이 "딸아, 네 믿음이 너를 구원하였으니 평안히 가라." 하셨습니다.

그렇게 하는 동안 시간이 흘러, 야이로의 집에서 사람들이 와서 야이로에게 말했습니다.

"당신의 딸이 죽었나이다. 선생을 더 괴롭게 마소서."

예수님이 그 이야기를 듣고 야이로에게 말씀하셨습니다.

"두려워 말고 믿기만 하라. 그리하면 딸이 구원을 얻으리라."

여기에도 두 가지 음성이 있습니다. 야이로가 '딸이 죽었으니 예수님이 와도 별 수 없다'는 이야기를 들었습니다. 또한, '두려워 말고 믿기만 하면 딸이 살 것이다'는 예수님의 이야기도 들었습니다. 예수님이 하신 말씀보다 사람들이 하는 이야기가 야이로에게 훨씬 가깝고 사실로 보입니다. 사람들이 하는 이야기를 들으면, '예수님이 조금

빨리 가서 고쳐 주었으면 좋았을 것을…. 이제는 늦었어'라는 생각이 들 것입니다.

## 하나님을 등지지 않으려고 내 생각 믿는 것을 지워버렸다

이스라엘 사람들이 두 가지 이야기를 들었습니다.

"예수님이 부활했대."

"부활한 게 아니야. 죽은 사람이 어떻게 다시 살아나? 그것도 십자가에 못박혀 피를 다 쏟고 죽은 사람이. 그런 게 아냐."

"그럼 어떻게 된 건데?"

"무덤을 지킨 군인들이 피곤하니까 밤에 곯아떨어졌지. 그 사이에 예수의 제자들이 시체를 훔쳐간 거야. 그러고는 예수가 부활했다고 거짓말을 퍼트린 거야."

이야기가 둘로 나누어졌습니다. 어떤 사람은 예수님이 부활하셨다는 이야기를 받아들였습니다. '예수님이 부활하신 게 맞아. 살아 계실 때 이미 말씀하셨고, 예수님 시신을 두었던 무덤이 비어 있잖아.' 어떤 사람은 제자들이 예수님의 시신을 훔쳐갔다는 이야기를 받아들였습니다. '죽은 사람이 어떻게 살아나? 말이 안 되는 이야기야. 군병들 말대로, 그들이 파수하다 잠들었을 때 제자들이 와서 몰래 훔쳐간 거야. 뻔한 이야기를 가지고 왜 자꾸 말하고 있어?'

사탄은 우리 마음에 불신을 심고, 불신 쪽으로 마음을 끌어갑니다. 사탄이 넣어 주는 거짓 생각에 이끌리지 않고 하나님의 말씀에 이끌리는 사람들이 있습니다. 여기에서 제일 중요한 것은, 자신을 믿지 않는 것입니다. 자신을 믿는 것은 정말 위험합니다.

제가 교회 안에서 많은 형제 자매들을 보았습니다. 어떤 사람은 자기 자신을 철두철미하게 믿습니다. 그런 사람은 자기 마음에 드는 것을 받아들이지 진리를 받아들이지 않습니다. 자기를 믿지 않는 사람은, 어떤 이야기를 들으면 바로 판단하지 않고 정확히 확인한 뒤에 판단합니다.

저도 어느 때까지는 나 자신을 믿었습니다. 세월이 흐르면서, 나를 믿고 행한 모든 것이 잘못되었다는 사실을 분명히 알았습니다. 그 후로는 두려워서 나를 믿는 마음을 가질 수 없었습니다. 물론 내 느낌도 있고, 생각도 있습니다. '저 형제가 거짓말을 했구나. 평소에도 그러니까 그럴 수 있지.' 이런 생각이 일어납니다. 그러나 다시 생각합니다. '내 생각이 정말 사실일까?' 찬찬히 생각해 보면, 내가 그렇게 생각한 것이지 사실은 아닙니다. 그래서 내 생각을 믿을 수 없습니다. 내가 어떻게 해야 하는지 하나님의 말씀에서 확인하려고 합니다.

제가 구원받고 하나님을 믿으려고 할 때마다, 믿음으로 들어가기 전에 늘 '이건 아닌 것 같아'라는 말씀을 거부하는 생각이 일어났습니다. 내 생각을 놔두고는 하나님을 믿는 것이 불가능하다는 사실을 알았습니다. 그러니까 내 생각을 믿으면 하나님을 등지게 되고, 결국 망한다는 사실을 알았습니다. 그래서 내 생각을 믿는 것을 지워버렸습니다. 그런데도 내 생각을 따라갈 때가 더러 있었습니다. 하지만 기본적으로 내 생각을 믿지 않았습니다. 생각이 올라오지만 한쪽에 놔두고 '성경은 뭐라고 말하는가?' 묵상했습니다. 하나님의 말씀을 깊고 세밀하게 따져 들어갔습니다. 그때부터 삶이 굉장히 안정되고 복되었습니다.

제가 내 생각을 따라갈 때도 있지만, 기본적으로 '내 생각은 거짓되고, 잘못될 수 있어. 어떤 생각이든지 그냥 받아들여야 하는 것이 아니라 하나하나 확인해야 돼'라는 자세로 삽니다. 내 생각을 불신하면서 성경을 읽을 때 말씀이 마음에 가까이 와 닿는 것을 경험할 수 있었습니다.

**살 소망까지 끊어진 것은, 하나님만 의뢰하게 하심이라**

우리가 자신을 믿지 않는다는 것이 정말 놀랍습니다. 하나님은 우리로 하여금 자신을 믿지 않게 하려고 일하십니다. 고린도후서에서 사도 바울이 이에 관해 이야기했습니다.

"형제들아, 우리가 아시아에서 당한 환난을 너희가 알지 못하기를 원치 아니하노니 힘에 지나도록 심한 고생을 받아 살 소망까지 끊어지고 우리 마음에 사형 선고를 받은 줄 알았으니, 이는 우리로 자기를 의뢰하지 말고 오직 죽은 자를 다시 살리시는 하나님만 의뢰하게 하심이라."(고후 1:8~9)

바울은 살 소망이 끊어지고 '나는 정말 죽었다'는 마음이 들었습니다. 그렇게까지 어려움을 겪은 것은, 하나님께서 바울 자신을 믿지 않고 하나님만 믿게 하려 함이라고 했습니다.

참으로 지혜로운 사람은 자기를 믿지 않고 하나님을 믿습니다. 자기 마음에서 어떤 생각이 올라와도, 자신을 믿지 못하기 때문에 '이것은 내 생각이야' 하고 확인해봐야 된다고 생각합니다. 그런 마음을 가짐으로 인해 진리 가운데 설 수 있습니다.

거듭난 뒤 복음을 위해 열심히 일하는 형제 자매들 가운데 많은 사람들이 자신을 믿어서 자기 생각에 빠져 신앙이 망가지고 어렵게 삽니다. 그런 형제 자매들과 이야기해 보면 오해도 많고 갈등도 많습니다. 그 이유가 대부분 자기 생각을 믿고 자기 판단을 믿기 때문입니다. 성경에도 자신을 믿어 실패한 사람들의 이야기가 많이 나옵니다. 사탄은 우리 생각이 정말 맞는 것처럼 보이게 만들어 우리를 잘못된 길로 이끕니다. 그렇기 때문에 누구든지 자신을 믿는 사람이 되어서는 안 됩니다.

예수님이 부활하셨지만, 정말 많은 사람들이 그 사실을 믿지 않고 거짓말을 받아들였습니다. 그들은 부활을 믿을 수 없었고, 그로 인해 부활의 영광에 참여할 수 없었습니다. 예수님은 십자가에 못박혀 죽으시고, 사흘 만에 부활하셨습니다. 이제 다른 이야기를 듣지 말고 성경 말씀을 믿으십시오. 성경은 진리이며 하나님의 말씀입니다. 자신이 보기에 어떠하든지 말씀을 마음에 받아들이면 하나님이 그 말씀대로 우리 안에 역사하십니다.

우리는 오랫동안 하나님과 멀리 떠나 있었습니다. 그래서 하나님의 말씀보다 세상적인 것이 마음에 가깝고, 세상 이야기를 듣는 것이 우리 생각과 친밀했습니다. 그러나 그것은 거짓이며, 그 길은 멸망으로 가는 길입니다. 자신의 생각을 믿지 않고 하나님의 말씀을 받아들이는, 진짜 지혜로운 사람이 되어야 합니다.

123강

# 세상 끝날까지
# 항상 함께 있으리라

"예수께서 나아와 일러 가라사대 '하늘과 땅의 모든 권세를 내게 주셨으니 그러므로 너희는 가서 모든 족속으로 제자를 삼아 아버지와 아들과 성령의 이름으로 세례를 주고 내가 너희에게 분부한 모든 것을 가르쳐 지키게 하라. 볼지어다, 내가 세상 끝날까지 너희와 항상 함께 있으리라' 하시니라."(마 28:18~20)

### 하늘과 땅의 모든 권세를 내게 주셨으니

마태복음 마지막 장인 28장이 이렇게 마쳐집니다. 예수님이 제자들에게 말씀하시길, **"하늘과 땅의 모든 권세를 내게 주셨으니"**라고 하셨습니다. 앞에서 이야기한 대로, 하나님께서 처음에 아담에게 하늘과 땅의 모든 것을 다스리는 권세를 주셨습니다. 그런데 아담이 하나님의 말씀을 저버리고 마귀에게 순종해 그 권세를 마귀에게 빼앗겼습니다.

　누가복음 4장에서 마귀가 예수님을 시험할 때, 천하만국을 보이며 "이 모든 권세와 그 영광을 내가 네게 주리라. 이것은 내게 넘겨준 것이므로 나의 원하는 자에게 주노라. 그러므로 네가 만일 내게 절하면 다 네 것이 되리라."라고 했습니다. 마귀에게 절하면 십자가에 못 박히지 않아도 권세를 다 찾을 수 있다고 유혹했습니다. 예수님은 마귀의 유혹을 물리치고 십자가에 못박혀 죽어 인간의 모든 죄를 씻으시고, 권세를 다시 찾아왔습니다.

　예수님이 마지막으로 제자들에게 **"하늘과 땅의 모든 권세를 내게 주셨으니 … 내가 세상 끝날까지 너희와 항상 함께 있으리라."**라고 하셨습니다. 하나님께서 권세를 인간에게 다시 주시지 않고 예수님이 가지고 계시면서 세상 끝날까지 항상 우리와 함께하신다고 했습니다.

　우리가 복음을 전하다 보면 핍박도 받고, 우리를 대적하는 사람도 있습니다. 때로는 어느 나라에서 높은 지위에 있는 사람이 핍박할 때도 있습니다. 그러나 예수님이 하늘과 땅의 모든 권세를 가지고 계시기 때문에, 그 어떤 핍박과 대적도 문제가 되지 않습니다. 예수님이 가지신 권세가 사람이 가진 권세보다 비교할 수 없을 만큼 큽니다. 그 권세를 우리에게 주신 것이 아니라 예수님이 가지고 계시면서 우리와 끝날까지 함께하십니다. 우리가 어느 나라에서 어떤 문제를 만나든지 예수님이 함께 계시기에 이길 수 있습니다.

예수님이 제자들에게 말씀하셨습니다.

"그러므로 너희는 가서 모든 족속으로 제자를 삼아 아버지와 아들과 성령의 이름으로 세례를 주고 내가 너희에게 분부한 모든 것을 가르쳐 지키게 하라…."(마 28:19~20)

우리가 지금 이 일을 하고 있습니다. 우리는 이 말씀대로 전 세계에 복음 전도자를 보내서 복음을 전합니다. 또 세례를 주고, 예수님의 말씀을 가르칩니다.

**예수님은 한 번도 우리를 외면하시지 않았다**

1994년에 우리가 케냐에 가서 아프리카 선교를 시작했습니다. 굉장히 많은 어려움이 있었습니다. 케냐에서는 종교 등록이 없으면 복음을 전할 수 없습니다. 물론 개인적으로 전도할 수는 있지만, 10명 이상이 모이려면 반드시 종교 등록증이 있어야 했습니다. 종교 등록증을 얻는 것이 거의 불가능한 일이라고 했지만 하나님이 역사하셔서 우리가 등록증을 얻었습니다. 그 외에도 수많은 일들을 하나님이 이루어 주셨습니다.

제가 구원받고 복음을 전하는 동안 수십 년이 흘렀습니다. 제가 구원받았을 때를 생각해 봅니다. 정말 아무 소망도 없고 죄에 빠져 괴로워하다가 하나님의 은혜로 죄 사함을 받았습니다. 구원받은 뒤 어떻게 살아야 하는지 몰랐지만 하나님이 저를 선교학교에 들어가게 하셨습니다.

선교학교에서 훈련을 받은 뒤 압곡동이라는 산골 마을에 가서 복음을 전했고, 다시 거창 장팔리로 가서 복음을 전했습니다. 1965년에 군대에 가서 3년 동안 군생활을 하는 동안, 원주통신훈련소에 교육받으러 온 모든 군인들에게 복음을 전할 수 있었습니다. 1968년에 제대한 뒤에는 김천에 가서 복음을 전했고, 이어 대구에 가서 복음을 전했습니다. 제가 어느 도시, 어느 나라에 가서 복음을 전하든지 잊을 수 없는 사실은, 예수님이 늘 저와 함께 계셨다는 것입니다.

제가 대구에서 복음을 전할 때 제 아들이 태어났습니다. 그때 일을 생각하면 지금도 감격스럽습니다. 제 아내가 만삭이 되어 지내던 어느 날, 우리 집에 손님이 찾아왔습니다. 멀리서 복음을 들으러 온 분이었습니다. 제가 그분에게 복음을 전해 구원을 받았습니다. 밤 10시쯤 되어 그분이 죄를 사함 받고 기쁜 마음으로 돌아갔습니다. 제가 대문 밖에서 그분을 배웅하고 집안으로 들어오자 아내가 화를 냈습니다.

"당신은 복음만 전하면 되지, 쓸데없는 이야기를 왜 그렇게 많이 해요?"

알고 보니, 제가 복음을 전하고 있을 때 진통이 시작되었던 것입니다. 단칸방에 살던 때라 아내가 한쪽 구석에 앉아 있었는데, 진통이 시작되어 너무 고통스러운데 신음 소리를 내지 않으려고 참는 것이 더 힘들었던 것입니다. 아내가 생각했습니다. '내가 만일 진통이 시작되었다고 말하거나 신음 소리를 내면 복음을 전하는 일이 중단되겠지. 그러면 저분이 구원을 못 받을지 몰라.' 그렇게 생각하니 어떻게든 견뎌야 한다는 마음이 들어, 너무 힘든데도 계속 참았습니다. 저는 그런 사정을 모르고 복음을 자세히 전하려고 하여 시간이 많이 흘렀습니다. 그래서 아내가 화가 났던 것입니다.

밤 10시가 넘었는데, 집에 돈이 한 푼도 없었습니다. 병원에 간다는 것은 생각도 할 수 없었습니다. 그 밤에 아이가 태어나면 어떻게 해야 할지 몰랐습니다. 아내가 진통으로 소리를 지르면 애가 타서 마음으로 하나님께 도움을 간구하며 밤을 새웠습니다. 아침이 되어 어둠이 물러가고 날이 밝아와서 너무 감사했습니다.

아침 여덟 시쯤 되었을 때입니다. 누가 우리 집에 찾아왔습니다. 며칠 전에 구원받은 자매님이었습니다. 제 아내를 만나러 왔다가 해산을 앞두고 있는 아내를 보았습니다. 그때 자매님이 했던 말을 지금도 기억합니다.

"사모님, 저 부산 일신병원 산부인과에서 근무했습니다. 저 조산원 자격증을 가지고 있습니다. 사모님, 잠깐만 기다리십시오."

자매님이 뛰어나가더니 얼마 후 조산 기구들이 든 가방을 들고 다시 달려왔습니다. 자매님이 오고 얼마 뒤 아들이 태어났습니다. 자매님이 산모에게 밥을 해서 주려고 부엌에 들어가 보니 쌀도 없고 반찬도 없었습니다. 사실은 전날부터 아내가 아무것도 먹지 못하고 하루 종일 굶었습니다. 자매님이 다시 뛰어나갔습니다. 쌀도 사오고, 미역도 사오고, 소고기도 사왔습니다.

복음을 위해 사는 동안 어려움이 많았습니다. 감사한 것은, 마태복음 28장 말씀대로 예수님이 늘 저와 함께 계셨습니다. 어려울 때 그냥 내버려두신 것이 아니라 극적으로 저를 돕고 지키시고 돌보셨습니다. 예수님은 거짓말하시지 않기 때문입니다. 예수님이 세상 끝날까지 우리와 함께 계신다고 하셨습니다.

"너희는 복음을 전해. 나머지는 내가 알아서 다 해줄 테니까."

우리는 정말 복음만 전했습니다. 때로는 대적하는 사람도 있었고 비난하는 사람도 있었습니다. 여러 가지 어려운 일을 당했습니다. 그러나 예수님은 한 번도 우리를 외면하시지 않았습니다.

## 말씀하신 대로 예수님은 우리와 항상 함께 계셨다

1999년에는 제가 심장이 굉장히 안 좋아서 거의 죽을 뻔했습니다. 젊어서, 군대에서 유격훈련을 받을 때 교관이 "집합!" 해서 뛰어가려고 하는데 몸이 움직이질 않았습니다. 제 심장이 나쁘다는 것을 그때 알았습니다. 한창 젊을 때여서 며칠 쉬니까 몸이 괜찮아졌습니다. 그런데 쉰 살을 넘어서면서 심장이 안 좋은 증세가 점점 드러났습니다. 한양대학병원에서 검사를 받았지만 원인을 발견하지 못했습니다. 그 후, 미국 뉴욕에서 세계 최고의 심장 권위자인 분을 만났습니다. 정년퇴임한 의사로 특별히 한번씩 심장 환자를 봐주는데, 그분이 종일 저를 진찰한 뒤 "미안한데, 당신은 현대 의학으로 못 고칩니다."라고 했습니다.

그래서 그냥 지냈는데, 1999년에 심장이 극도로 안 좋아졌습니다. 그해 5월에 페루 리마 실내체육관에서 가진 집회에 제가 강사로 갔습니다. 사람들이 많이 모였는데, 사회하는 목사님이 이야기하는 동안 단상에 올라가서 집회에 참석한 많은 사람들을 보니 가슴이 얼마나 뛰는지…. 저는 청중 앞에 많이 서봐서 청중에 대한 두려움은 없는데 심장이 멎을 것 같았습니다. '아, 가슴이 왜 이러지?' 단상에서 다시 내려왔습니다. 지하에 가니 선수 대기실이 있어서 거기 누워 "주님! 주님!" 하고 주님을 찾았습니다. 그렇게 해가면서 간신히 집회를 마쳤습니다. 제가 집회를 마치고 페루에서 돌아올 때, 저를 본 사람들은 전부 '박 목사님은 이번 집회가 마지막이다!'라고 생각했다고 합니다.

그런데 1999년 8월 여름 수양회를 하는 동안 하나님이 제 심장을 깨끗이 고쳐 주셨습니다. 이튿날 아침부터 조깅을 시작했습니다. 수양회를 마치고는 교회 근처 학교에서 운동장을 돌았습니다. 300미터 트랙을 두 바퀴 도니까 옆구리가 아파서 더이상 뛸 수 없었습니다. 그런데 몸이 점점 좋아져서 나중에는 5킬로미터까지 달렸습니다. 심장이 좋아지니까 간이 좋아지고, 폐가 좋아졌습니다. 제 생애에서 1999년 여름부터 가장 건강하게 지냈습니다. 나이가 들었는데도 하나님이 건강하게 지내게 하셨습니다.

어느 때부턴가는 하나님께서 저에게 세계 여러 나라의 대통령을 만나 복음을 전하게 하셨습니다. 파라과이 대통령, 가나 대통령, 우간다 대통령 등 하나님께서 기적적으로 대통령들을 만나게 하셔서 복음을 전할 수 있었습니다. 생각하면 생각할수록 얼마나 감사한지 말로 다 할 수 없습니다.

더 중요한 사실은, 제가 복음을 잘 전할 줄 몰랐습니다. 구원받았지만 우리 죄가 씻어졌다는 사실을 어떻게 전해야 하는지 잘 몰랐습니다. 제 아들이 태어난 1974년에 우리는 대구 파동의 조그마한 교회에서 복음을 전했습니다. 성도들이 많지 않아서 새벽과 오전에는 제가 성경을 읽었습니다. 그때 하나님께서 구약 성경 레위기에 나오는 속죄제사를 알게 하셨습니다. 안수할 때 죄가 넘어가는 사실을 가르쳐 주셨습니다. 신약 성경에서 예수님이 세례 요한에게 안수를 받을 때 세상 죄가 예수님에게 넘어갔다는 사실을 자세히 깨우쳐 주셨습니다.

지나온 날들을 돌아보면, 예수님이 우리와 함께 계셨습니다. 지금은 기쁜소식선교회가 전 세계에서 복음을 전하는 큰 선교회가 되었습니다. 많은 선교사들이 있고, 선교사들이 현지에서 수많은 목회자들을 길러냈습니다. 전 세계 구석구석에서 집회를 하며 수많은 사람들에게 복음을 전하고 있습니다. 예수님이 말씀하신 대로, 모든 족속으로 제자를 삼아 하나님 아버지와 아들과 성령의 이름으로 세례를 주고, 예수님이 분부하신 모든 것을 가르쳐 지키게 하고 있습니다. 우리는 예수님이 말씀하신 일을 했고, 예수님은 우리와 함께 계셨습니다.

제가 나이가 들어 지난 날들을 돌아봅니다. 마태복음 마지막에 예수님이 "너희와 항상 함께 있으리라." 하신 대로 예수님은 우리와 항상 함께 계셨습니다. 제가 크고 작은 어려움을 많이 당했지만 예수님은 한 번도 모른다고 외면하시지 않았습니다. 복음을 전하다가 '더이상 복음을 전할 수 없게 되는구나. 나는 여기서 끝이구나!' 할 때가 여러 차례 있었습니다. 내가 볼 때에는 끝인 것 같았지만 예수님은 끝이 아니라고 하셨습니다. 예수님이 저를 일으켜 세우셨습니다. 마지막 날까지 그렇게 하실 줄 믿습니다.

구원받고 나를 따르던 형제가 배신하여 나를 대적할 때도 있었습니다. 그런 일이 꼭 싫지만은 않은 것이, 그럴 때면 하나님 앞에 더 기도할 수 있었고 근신할 수 있었습니다. 내가 힘을 잃을 일을 만나면 하나님이 기쁜 일을 주셔서 즐거워하게 하셨습니다. 내가 기쁘다고 조금 태만해지면 어려운 일을 주셔서 내 마음을 낮추어 주셨습니다. 내 인생의 모든 순간에 예수님이 함께 계시면서 저를 이끌어 주셨습니다.

**우리 죄를 다 씻고 부활하신 예수님을 증거하는 일을 하라**

우리가 복음을 받아들인 것은 예수님을 받아들인 것입니다. 복음은 곧 예수님의 마음입니다. 예수님의 사랑입니다. 누구든지 복음을 받아들이면 그 마음에 예수님이 거하십니다. 저는 구원받고 복음을 전할 줄도 모르고, 아무것도 할 줄 몰랐습니다. 예수님이 하나하나 가르쳐 주셨습니다. 성경을 읽으면 말씀을 깨닫게 해주셨습니다. 저같이 못난 인간이 복음을 전하면 구원받는 사람이 생기게 하셨습니다. 제가 전한 말씀을 듣고 변하는 사람이 일어나게 하셨습니다.

열왕기하 4장에서 선지자 생도의 아내가 빈 항아리에 기름을 부었을 때, 항아리마다 기름이 가득 차는 것을 보고 얼마나 놀랐겠습니까! '하나님, 저는 믿음이 없는 여자잖아요. 저는 내 마음대로 살던 여자잖아요. 그런데 저 같은 인간에게도 역사하십니까!' 여자가 감격스러웠을 것입니다. 저도 복음을 전하면 하나님이 역사하시는 것이 정말 놀라웠습니다. '오늘은 아무개 자매가 구원을 받았어. 다음 모임 때에는 그 옆에 있는 사람이 구원을 받겠구나….' 모임을 마치고 돌아올 때마다 말할 수 없는 기쁨과 감사 속에서 돌아왔습니다. 복음을 전하면서 얻는 기쁨과 감사가 너무 커서 배고픈 것을 이길 수 있었습니다. 가난한 것을 이길 수 있었습니다. 핍박을 이길 수 있었고, 힘들고 어려운 여러 일들을 이길 수 있었습니다.

예수님이 세상 끝날까지 우리와 항상 함께하실 줄을 의심하지 않습니다. 십자가에 못박혀 죽어 우리 죄를 다 씻으시고 부활하여 새 소망을 주신 예수님을 증거하는 일을 하십시오. 사업을 하든지 농사를 짓든지 직장에 다니든지 마음에 복음을 가득 담아 두십시오. 일하다가 만나는 사람에게 복음을 전하십시오. 예수님이 세상 끝날까지 함께 계시면서 여러분을 지키고 복을 주실 것입니다.

# 마태복음 강해 5
초판 2025년 5월 10일

지은이 박옥수

책임편집 박민희
북디자인 김주영

발행처 도서출판 기쁜소식
출판신고 제2006-44호
주　　소 서울시 양천구 신월로24길 8
문의처 02-2690-8860
이메일 edit@goodnews.kr
인쇄·제본 프린트세일

ⓒ 2025. 박옥수. All rights reserved.

이 책은 저작권법에 따라 보호받는 저작물이므로 무단 전재와 무단 복제를 금지하며,
이 책 내용의 전부 또는 일부를 이용하려면 반드시 출판사의 서면동의를 받아야 합니다.
책값은 뒤표지에 있습니다.

ISBN 978-89-6443-125-2 (04230)